营救里斯本丸

香港 "里斯本丸" 协会
[英] 布莱恩·费恩祺

编著

中国青年出版社

图书在版编目（CIP）数据

营救里斯本丸 / 香港"里斯本丸"协会，（英）布莱恩·费恩祺（Brian Finch）编著. -- 北京 ：中国青年出版社，2025. 8. -- ISBN 978-7-5153-7882-4

Ⅰ. K152；U676.8

中国国家版本馆CIP数据核字第2025YS8739号

著作权合同登记号：01-2025-2089

A Faithful Record of The Lisbon Maru Incident

营救里斯本丸

作　　者：香港"里斯本丸"协会　　[英]布莱恩·费恩祺
责任编辑：贺则宇
书籍设计：郭梓琪
出版发行：中国青年出版社
社　　址：北京市东城区东四十二条 21 号
网　　址：www.cyp.com.cn
编辑中心：010-57350527
营销中心：010-57350370
经　　销：新华书店
印　　刷：北京汇瑞嘉合文化发展有限公司
规　　格：787mm×1092mm 1/32
印　　张：7.75
字　　数：100 千字
版　　次：2025 年 8 月北京第 1 版
印　　次：2025 年 8 月北京第 1 次印刷
定　　价：56.00 元

如有印装质量问题，请凭购书发票与质检部联系调换。联系电话：010-57350337

30°13'44.42"N, 122°45'31.14"E

SINKING OF THE 'LISBON MARU' IN TH... SEA, 2 OCTOBER, 1942 AS A RESULT OF ... 1ST BATTALION, MIDDLESEX REGT BEC... PRISONERS OF WAR.

...E, JAPAN, BY W.C. JOHNSON ... NAVY FOR THE OFFICIAL RECORDS ... ...EEX REGIMENT ~

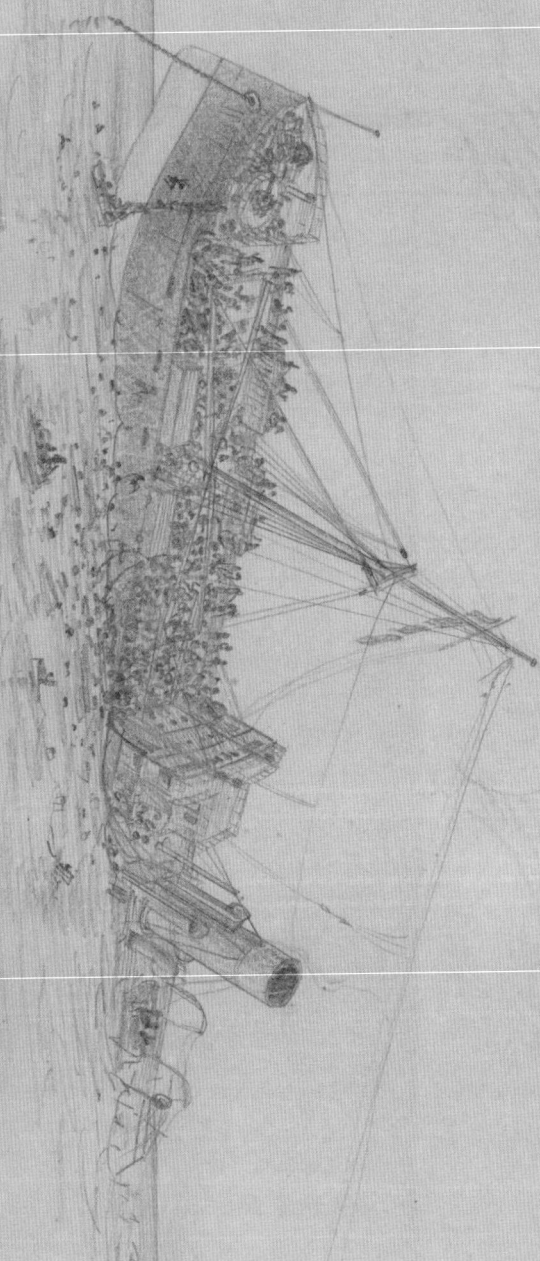

左：现藏于英国陆军博物馆的素描，由在"里斯本丸"（the Lisbon Maru）沉没事件中生还后被日军再次俘获的海军中尉约翰逊（W. C. Johnson）绘于神户集中营

右：图为"一·二八"事变（又称淞沪抗战）中，在上海市江湾镇与装甲部队协同作战的日本陆军。当时已为工业化国家之一的日本，机动力优于当时亚洲任何一支军队，在侵华战事早期占有极大优势

Winnipeg Grenadiers - 2 days before leaving for overseas - June 7, 1940

出征前留影的加拿大温尼伯掷弹兵部队（Winnipeg Grenadiers）。
香港保卫战中，加拿大派出两营参与。这场战役是加拿大军事史中一场
伤亡和被俘人数较多的战事

在日军轰炸机的空袭支援下，以传统机枪阵地固守作战的香港守军未能
抵抗日军凌厉的攻势，最终在 18 天内投降。图为正在登陆香港青衣岛
的日本海军陆战队

战事结束后，日军驻港指挥、驻广州第二十三军司令酒井隆（Sakai Takashi）中将，主持在香港九龙弥敦道举行的"入城式"

随着太平洋战事持续扩大，日军兵源需要不断补充，造成日本国内劳动人口锐减，因而日方把关在集中营内的战俘送回日本做劳动力

正被日本宪兵押往集中营的英军及加拿大军战俘

原属日本邮船株式会社（Nippon Yusen Kabushiki Kaisha）的"里斯本丸"，为战时数以千计被日军征用的商船之一

图中是被送往日本北九州门司港的战俘。他们分别被送到北九州、神户和大阪充当苦工，在日军投降后才获释放

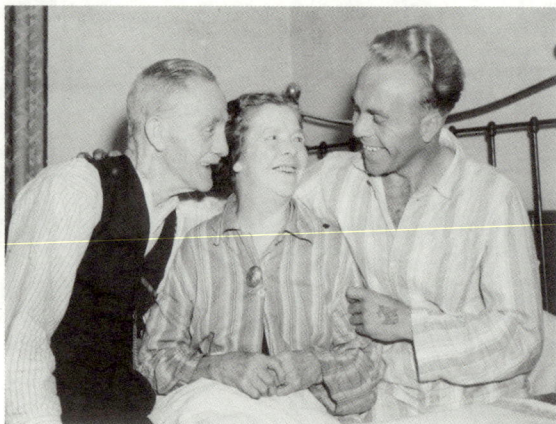

左一为"里斯本丸"事件中的幸存者查尔斯·希瑟(Charles Heather)。他是首批回到家乡的英军远东战俘之一

沉没中的"里斯本丸"

The Queen and I bid you a very warm welcome home.

Through all the great trials and sufferings which you have undergone at the hands of the Japanese, you and your comrades have been constantly in our thoughts. We know from the accounts we have already received how heavy those sufferings have been. We know also that these have been endured by you with the highest courage.

We mourn with you the deaths of so many of your gallant comrades.

With all our hearts, we hope that your return from captivity will bring you and your families a full measure of happiness, which you may long enjoy together.

George R.I.

September 1945.

英国国王乔治六世在二战结束后，致回家战俘的信函

幸存者查尔斯·佐敦（Charles Rivers Jordan）参军时的照片

HEADQUARTERS EIGHTH ARMY
UNITED STATES ARMY
OFFICE OF THE COMMANDING GENERAL

20 September 1945

To Gnr. Jordan, Charles Rivers, RA:

As commander of the United States Eighth Army, it is my privilege to extend to you the heartfelt thanks of your American allies for the splendid spirit of generosity and unselfishness you have displayed these past two weeks.

In volunteering to remain in your prison camp to assist in the liberation of your comrades, you have proved again that the strength of the United Nations is built on that most solid of foundations - fellowship of man.

We of the Eighth Army are proud to be your liberators. We congratulate you on your newly gained freedom and wish for you the best of good luck, good health and happiness in the years to come.

Most sincerely yours,

R. L. EICHELBERGER
Lieutenant General, USA
Commanding

美国陆军第八军司令部向英军战俘佐敦致发的个人信函

手中拿着番薯的中国东极岛老渔民沈阿桂，正讲述当年用番薯救助英军战俘的故事

护送战俘的定海县（现为浙江省舟山市定海区）国民兵团抗敌自卫第四大队副大队长缪凯运先生的女儿缪芝芬

藏匿 3 名英军战俘的"小孩洞"

过去的几十年中，佐敦从未向其他人——包括妻子和子女重提在"里斯本丸"事件中那些不堪回首的经历

陪同父母远道来华重温历史的佐敦一家。佐敦先生在战争结束后回到家乡结婚，育有 5 个孩子

当年给英军送饭的翁柳香婆婆（前排中间）和探望老渔民的香港"里斯本丸"协会干事沈健先生（前排左一）等人合影

遇难英军幸福

r and fam f 'p

欢迎宴会上致辞的查尔斯·佐敦和他的大儿子亚伦·佐敦

2005 年 8 月，87 岁高龄的佐敦再次从英国回到浙江省舟山群岛，和 60 多年前救回自己一命的渔民们相聚

老渔民陈永华（右一）向来到东极岛采访的媒体讲述重聚感受

老渔民到香港西湾军人坟场，为"里斯本丸"事件中的遇难英军献花

香港英国商会代表与老渔民合照，前排右二为商会行政董事夏伟邦
（Christopher Hammerbeck）

代表香港明星潜水队的香港影星们与老渔民合照

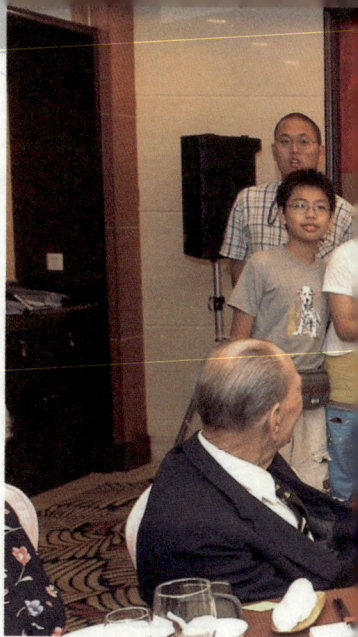

爱国港商霍英东先生亲自接待参与救助英国战俘的舟山老渔民

出席欢迎晚宴的佐敦（侧背向镜头者）和随行访问的香港学生们

东极岛渔民在"里斯本丸"沉没当天，共出动数十次与图中相似的木船，将在海面漂浮、奄奄一息的战俘送上岸

中国东极岛的小渔村

香港学生向沉船遇难者撒花

与老渔民合影的沈健先生（右一）认为，让下一代亲身接触的历史教育，比教科书的内容更具实际意义

中国东极岛

目　录

营救"里斯本丸"事件时序（随书赠送）

为尊重"里斯本丸"事件亲历者及其后代的回忆，对其口述与相关新闻报道，本书尽量保持原貌；因记忆差异，部分信息或与实际不尽一致，特此说明。

前言

珍惜现在，放眼未来

各位朋友：

首先，我非常感谢卫奕信勋爵文物信托，能够给予财政上的资助，让我们出版《实录·里斯本丸事件》（此为原书名）繁体版一书。

时至今日，战争已经结束多年。但我们仍要铭记，当年日本军国主义的铁蹄踏遍了中国内地和中国香港的土地。我们有很多战友在无情的战火当中，为了履行军人的责任，在抗击日军的作战中付出了宝贵的生命，而很多战友被俘后饱尝集中营艰苦的岁月，受尽折磨，埋没了青春。

当年经历"里斯本丸"遇难惨剧的盟军战俘和舟山渔民英勇的行为会不会随着岁月的逝去而被遗忘呢？当时获渔民相救而幸免于难的英军战俘数以百计，他们于沉船惨剧发生前一年在香港抵抗日军入侵。虽然时至今日，很多同袍已悄然而去，尚在人世的亦已风烛残年，但是他们的子孙后代将会永远记着舟山人民的仁慈与恩惠。在战时物资极度短缺的情况下，被救的战俘都得到了衣服和食物。时光飞逝，战后中国有很大的转变，但于1942年发生在浙江省舟山群岛的惨剧是绝不可忘记的。2007年，刚好是"里斯本丸"沉没65周年，出版这本书的目的，除了重新唤醒了我们对战友们的思念，更使我们重温这个事件，教育年轻新一代，珍惜现在，放眼未来，为国家、为民族多作贡献。

很多年轻朋友常常问我，当年战争岁月之中有没有遇过精彩的故事。我总是对他们这样说：当年身处激战之中的同袍，大部分都早已战死沙场，我们是身处战争边缘，才得以保存性命，战争永远是那样残酷可怕，永远是制造家破人亡、妻离子散的元凶，我们不要战争，需要的是和平。今年，香港已经回归祖国10年了。我在有生之年见到国家富强，年轻的朋友再不需要面对战争的威胁，使我觉得当初为了正义而作战所经历的一切都是值得的。

本书得以顺利出版，除了卫奕信勋爵文物信托的鼎力赞助，亦有赖于舟山市"里斯本丸"沉船事件研究会的江建国部长、杨晓副部长、周永章主任、张敏斐女士、洪晓明先生提供了大量的宝贵资料及照片。此外，本会的托尼·班纳姆先生（Tony Banham）、沈健先生、丘绍光先生、李志刚先生、白竞生先生（Ian Parkinson），以及各界朋友，包括何铭思先生、高美氏先生（Arthur Gomes）、王志汉先生、查尔斯·佐敦先生等人亦为本书的成功出版作出了努力。另外，本人亦想趁此机会特别多谢已离世的全国政协原副主席霍英东先生。他亲自接见了访港的舟山老渔民，并为他们安排了欢迎晚宴。

马乃光

香港"里斯本丸"协会主席

写于 2007 年

最恳切的谢意

各位贵宾、诸君：

1942 年 9 月，当时在香港的各军团官兵已经做了 10 个月的战俘。集中营内，食物供应很少，疾病却很多。自从投降后，死去的人不少。

当有传言说有部分战俘将被送往日本时，我们都羡慕他们的幸运。我们相信不论他们被送往何处，总比我们在深水埗集中营里忍饥挨饿的好。

但我们想错了。当"里斯本丸"启航后数天，沉船的消息传到我们这边。我们听到船已经沉没了，淹死的人数以百计。直到战后，我们才知道我们同袍遇难的真相，亦得悉他们中很多人是被勇敢的中国渔民当着日军面冒险救起的。

很多生还者都相信，如果没有那些中国人民的果断勇敢行为，全部战俘就会随船沉入海底。他们果断出手救人，最终避免了更多的人命牺牲。

现在，本人谨代表二战期间全香港的战俘，借着这个迟来的机会，向舟山的渔民和群众，致以最衷心恳切的谢意。

高美氏（1917—2007）

香港战俘协会主席

英文原信：

Distinguished Guests, Ladies and Gentlemen.

By September 1942, those of us in the Hong Kong garrison had already been prisoners of war for ten months. There was little food, but much disease. Many had died since our surrender.

When word came that some prisoners were to be shipped to Japan, some of us envied them. We thought that wherever they were going, they would be better off than we were starving in Shamshuipo Camp.

We were wrong. Within days of the sailing of the Lisbon Maru, rumours started. We heard that the ship had been lost, and hundreds drowned. It was only after the war ended that we learned the truth of our comrades suffering and also heard how so many had been saved by Chinese fishermen who had pulled them from the sea under the very noses of the Japanese.

Many of those survivors believed that without the courageous actions of these Chinese civilians, all would have been left to drown. Their intervention had averted a far larger disaster, and on behalf of all the Hong Kong Prisoners of War II, I would like to take this belated opportunity to give the fishermen and people of Zhoushan our personal and heartfelt thanks.

Preface by Mr Arthur Gomes, MBE (1917—2007)
Chairman of the Hong Kong Prisoners of War Association

"里斯本丸"沉没

"里斯本丸"的沉没是一场惨痛的人类悲剧。800 多人在沉船的当天失去了他们的生命。随后的两个月里,又有 200 多人在恐惧、日晒雨淋、营养不良、极度疲惫和疾病等多重因素的影响下丧生。战争结束前,还有更多曾在这条船上的人牺牲。然而,这仅仅是 1942 年,那场导致 6000 多万人丧生的战争才刚刚拉开序幕。

当世界恢复和平,"里斯本丸"事件已被遗忘,湮没在了从东线战场到集中营、从城市轰炸到诺曼底登陆所导致的大规模死亡中。

2005 年,我写完了关于"里斯本丸"事件的一本书——《里斯本丸沉没》(*The Sinking of the Lisbon Maru*)。在筹备那本书的过程中,我有幸与很多"里斯本丸"沉船事件的幸存者进行了交谈。他们亲切、大方地向我分享了他们的故事,并且很开心终于有人对自己和战友的那场厄运有了兴趣。现在,与我交谈过的大多数幸存者都已离世，但是我经常收到他们的儿女的来信，信中写着他们的父亲有多么享受与我共事的时光，还经常把我的书放在壁炉架上，这让我无比感动。

时间来到 2015 年。10 月 20 日，英国女王伊丽莎白二世在白金汉宫举行了一场晚宴来欢迎中华人民共和国主席习近平。习近平主席在致辞中提到了"里斯本丸"事件。这一事件是体现中英两国在二战时期友好交往的一个重要历史见证。

当时，平凡的中国渔民在日军的眼皮底下划着小船出海，营救了数百名溺水的英军战俘。连年战乱早已使渔民的生活变得十分贫困，他们却把战俘带到自己的小岛上，拿出自己仅存的一点食物与战俘分享。

这些故事，以及带来这些故事的那一艘船被再一次记起，而这部作品就是记录这些的证据。

感谢中国内地、中国香港和英国的各界人士，包括本书的作者布莱恩·费恩祺（Brian Finch），让东极岛渔民营救"里斯本丸"事件来到大众的视野。

如今，这场人类悲剧以及由它产生的英雄主义故事再也不会被遗忘。

托尼·班纳姆

写于中国香港

2015 年 12 月

第一章

"里斯本丸"沉没

这天天色晴朗，海面平静。载着1834名英军战俘和700多名日军官兵的"里斯本丸"，正途经上海以南不远处的舟山群岛附近。这艘满载盟军俘虏的货船，并没有告知国际红十字会，也没有悬挂任何警告旗号，表示船上载有战俘。一艘刚巧在该处执行巡逻任务的美国潜艇向货船发射鱼雷，中弹的"里斯本丸"随即下沉。

本来，这种海难在死伤数以千万计的第二次世界大战中时常发生。不过，这群战俘曾经为抗击日军作出贡献，并成为阶下囚，最后还要被送到日本当苦工，他们不该被彻底遗忘。这些英国的士兵在10个月前的 1941 年 12 月，曾经在香港为期 18 天的攻防战中担当过重要角色，谁会想到这天他们会葬身于盟国潜艇的鱼雷之下？

就在最后关头，舟山当地一群渔民乘着简陋的渔船赶到现场，将一个个在怒海中挣扎求生、奄奄一息的英军俘虏救起，带回附近的青浜和庙子湖岛疗养。增援的日军炮舰不久后便赶到，并迫使村民交出战俘。

这便是 "里斯本丸" 沉没事件。据统计，船上一共载有 1834 名英军战俘，"里斯本丸" 被美国潜艇发射的鱼雷击中并下沉后，共有 828 名战俘葬身大海。根据部分生还战俘回忆，在 "里斯本丸" 下沉时，日军将舱门关上，自己弃船逃走，让战俘做陪葬品，后来还开枪射杀跳进海中逃生的战俘。谁也想不到，住在附近的渔民竟然在最后关头登上这个历史舞台，令这一幕战争悲剧峰回路转。

历史背景

　　故事可以从日本侵略中国的野心开始讲起。1931 年，以保护日本的铁路、采矿和其他商业利益为名义而驻扎在中国东北部的关东军，决定不顾一切实践他们侵略中国的妄想。在此之前，地方军阀张作霖曾拒绝日本在东北建立殖民地的要求，被日军设计暗杀。9 月 18 日，关东军自行在南满铁路线距离沈阳不远处的柳条湖路段引爆路轨，并嫁祸给中国军队，为侵略制造借口。这便是九一八事变。

　　九一八事变标志着日本帝国主义侵华的开始。基于种种原因，张作霖儿子张学良所控制的东北军并未作出激烈抵抗，致使当时中国的东北部很快完全沦陷，落入日本关东军的控制中。翌年 3 月 1 日，由日本扶植的傀儡政权伪满洲国宣告成立，由溥仪担任"国家元首"。

　　以国际联盟（League of Nations）为首的国际

舆论对日本的侵略行为普遍提出谴责，但是并未采取实际行动阻止其野蛮行为。伪满洲国的幅员约为日本本土的三倍，面积比法国和德国加起来还要大，为日后日本对中国的侵略计划提供了大量的人力和物产资源。

来自遥远的北方的这些战争消息，传到一直安享太平的香港，没有立刻影响港英政府的备战安排。事实上，早于 1922 年由美国、英国、日本、法国和意大利 5 个国家签订的《华盛顿海军条约》(*Washington Naval Treaty*) 中规定，美国、英国、日本的主力舰吨位比率为 5:5:3。条约同时列明，英国不得在东经 110°以东的太平洋范围内部署军事设施，间接影响了处于这条界线以东的香港的布防工作。

随着日军吞并了面积广大的中国东北，英、美等国的在华利益受到威胁后，香港才从长期的"睡眠状态"中苏醒过来。英国在 1930 年召开了"伦敦海军会议"(London Naval Conference)，通过废弃《华盛顿海军条约》的规定，英国得以重新部署香港的防务。在英国官员的眼中，日本虽然能够战胜中国军队，但是面对精锐的英军，不至于那么容易得逞。这种轻敌的态度使港英政府在防备日本的侵略方面欠缺长远和周详的计划。

几年过去了，北京、上海和南京相继沦陷，国民政府被迫退守陪都重庆。英国意识到日本侵占香港的可能性日益增加，于是便着手为香港制订较详尽的防卫计划。1937 年 7 月，港英政府通过一部紧急条例，宣布对战争保持中立地位。这项政策无疑是希望与近在咫尺的战争划清界限，以为香港能成为中立城市，回避战火。

刚上任的港督罗富国（Geoffrey Northcote）曾建议索性将香港的防卫通通撤走。英国首相丘吉尔指出"香港虽不能坚守，但一定要保卫"，坚持不可放弃香港。同年春季，香港举行了首次大型防空演习，港英政府亦开始按照防卫计划，在香港岛、九龙以至"新界"各处修建防空洞、地堡阵地、防空设施和布置防线等。然而，纳粹德国在 1939 年发动的闪电战席卷欧洲大陆，英国本土饱受德军空袭，可谓自顾不暇，根本无法加派军队防守位于远东的香港。港英政府为加强香港的防卫力量，于同年 6 月通过了一条关于战斗人员义务的法令，规定所有男性英籍人士，如合乎既定资格，均须服兵役。

1941 年夏，希特勒向苏联发动了大规模攻势，而作为轴心国之一的日本，也计划在太平洋多处地点，同一时间攻击英、美两国。虽然国际形势险峻，大战在即，但在不少人的心目中，仍然一厢情愿地相信，一直被西方人嘲讽为"黄面猴子"的日本人，应该不至于有胆量挑战英、美的军事力量，无视日本的野心。

香港沦陷

在第二次世界大战以前，英军从未有过与日军在战场上交锋的经验。据英军文献记载，其中一次两军发生摩擦的事件，是在 1937 年，日本陆军炮军猛烈炮击华东城市期间，一艘停泊在长江沿岸的英军战舰疑似被日军击中。1938 年出任驻港英军司令的贾乃锡（A. E. Grasett）少将曾公开指出，日军纵使能战胜中国军队，并不表示可以轻易应付精锐的英军。这位司令的轻敌心态在某种程度上影响了军中上下的积极性，使"新界"等地的防守过于松懈。

驻港英军（连同英联邦部队）的兵力（1941 年 12 月 8 日）

皇家炮兵第八海岸巡防兵团 Royal Artillery 8th Coastal Regiment	537 人
皇家炮兵第十二海岸巡防兵团 Royal Artillery 12th Coastal Regiment	403 人
皇家炮兵第五防空兵团 Royal Artillery 5AA Regiment	588 人

续表

香港新加坡皇家炮兵第一香港兵团 Hong Kong and Singapore Royal Artillery 1st Hong Kong Regiment	874 人
皇家炮兵第九六五防卫小队 Royal Artillery 965 Defence Battery	147 人
皇家苏格兰军团第二营 Royal Scots 2nd Battalion	769 人
米德尔塞克斯兵团第一营 Middlesex 1st Battalion	764 人
温尼伯掷弹兵部队 Winnipeg Grenadiers	92 人
皇家加拿大步兵队 Royal Rifles of Canada	912 人
香港义勇军 Hong Kong Volunteer Defence Corps	1947 人
皇家通信部队 Royal Corps of Signals	1759 人
皇家陆军军需部队 Royal Army Ordnance Corps	132 人
皇家陆军补给与运输勤务队 Royal Army Service Corps	197 人
皇家陆军兽医部队 Royal Army Veterinary Corps	5 人
皇家陆军医疗部队 Royal Army Medical Corps	172 人

皇家陆军牙医队 Royal Army Dental Corps	10 人
皇家陆军财务队 Royal Army Pay Corps	28 人
罗介普部队第七团第五营 Rajputs 5th Battalion, 7th Regiment	892 人
旁遮普部队第十四团第二营 Punjabis 2nd Battalion, 14th Regiment	1005 人
皇家印度陆军补给与运输勤务队 Royal Indian Army Service Corps	13 人
香港骡马运输队 Hong Kong Mule Corps	253 人
印度医疗队 Indian Medical Service	60 人
以上合计连同司令部幕僚和勤务人员在内共有官兵 11,559 人	

在贾少将的计划中，"新界"设有两道主要防线。第 1 道防线从沙头角起，经罗湖沿深圳河至后海湾。第 2 道防线则是英军扬言固若金汤、连绵 112 余千米的"醉酒湾防线"（Gin Drinkers' Line）。英军工程兵在这条防线上建设了多个碉堡、机枪堡、战壕和地道设施，部分建筑的水泥厚度达 1.5 米，难怪英军相

信这条防线可以阻挠日军的攻击。事实上，随着欧洲战场的形势发展，英国不得不将其海陆空军事力量从各处抽调回家乡对抗纳粹德军，驻守香港的正规陆军力量不到 4 个营。而且，英国在远东的总司令及参谋部一向设在新加坡。当时传统的战略是香港一旦遇到突击，援军可从新加坡赶来。另外位于马尼拉和珍珠港的美国海军、空军也旦夕可至，因此自然将防卫重心放在新加坡。

1939 年初，海南岛落入日军手中，援兵路线被隔开，香港在战略上被完全孤立。而且，没有人会想到日军将孤注一掷发动太平洋战争，同时在美国珍珠港、菲律宾马尼拉等多处发动袭击，燃起多个战争火头，香港渴望这些地方派来援军的设想已全盘落空。1941 年 8 月，贾乃锡少将被调返伦敦总参谋部，由 50 多岁的莫德庇（C. M. Maltby）少将接任英军司令一职。莫德庇少将到任后积极整顿防御工事，集中在香港岛周围的登陆地点部署防卫设施，包括设置高射炮和机枪阵地。然而，战事到达这个阶段，英国本土已为应付纳粹德军的攻势而疲于奔命，根本无暇顾及香港的防务。因此，香港的防卫策略是一旦受到攻击，便破坏"新界"和九龙的交通和油库等设施，全军退守香港岛，希望可以坚守数月，等待援军。

在 1941 年 12 月 8 日的早上，战争来临了。

日本联合舰队在数小时前偷袭了美军位于珍珠港的海军基地，并于天亮时开始向香港发动攻势。在广州备战多时的日军，由第二十三军司令官酒井隆指挥旗下的第三十八师团为主力，先派遣轰炸机空袭九龙启德机场，炸毁了守军仅存的 5 架残破的"老爷军机"。驻港英军司令莫德庇少将统领英军步兵 2 个营、加拿大步兵 2 个营、印度兵 2 个营、香港义勇军 7 个连，配以皇家炮兵团、香港新加坡炮兵团以及皇家海军，合计 15,000 多名守军，对抗来犯的近 30,000 名日军。由于日军拥有绝对的空中优势，加上有备而战，守军在士气大涨的日军攻势下节节败退，连英军以为可以防守一阵子的"醉酒湾防线"亦在 3 天内失守，所有英军仓促退守香港岛，九龙半岛全面沦陷。被孤立的香港岛面临断水断粮的危机。岛上的守军原以为日军会从西面登陆，不料日军选择从东面的鲤鱼门渡海，成功建立滩头阵地，源源不绝的日军和装备从海港东面进入香港岛。日军在登陆后立即占据发电厂和油库等战略设施，并切断岛上的淡水供应。守军被迫将防线逐步往南迁移，最后在黄泥涌、浅水湾和赤柱等地与进犯的日军交锋。当大量英军死伤和成为俘虏后，莫德庇少将认为大势已去，便联同港督杨慕琦（Mark Aitchison Young）在圣诞节横渡维多利亚港，前往位于九龙半岛酒店的日军司令部，与日军签署投降书，香港沦陷于日本侵略者手中。

集中营生活

　　为期 18 天的攻防战，造成了 2133 名守军伤亡，超过 8500 名英国、加拿大、中国籍官兵被俘。这些官兵多数曾驻守城门碉堡、黄泥涌、浅水湾、摩星岭和赤柱等阵地，在阵地被日军攻占后成为俘虏。

　　日军初期并没有为收容战俘作出任何计划，他们将大部分战俘驱往深水埗集中营。到了 1942 年 1 月下旬，由于深水埗集中营过分挤迫，约 2000 名战俘被转到港英政府原先为收容难民而建造的北角集中营。日军最早对战俘的看管颇为松懈，因此曾发生过多起战俘逃脱事件。后来守军逐步增加，加上日军对逃跑的人和他们同屋的人施以重罚，后来人们都不敢再逃跑，战俘营的看守亦变得严密起来。1942 年 4 月，为方便管理和安全起见，日军决定将普通士兵和军官分隔开，深水埗集中营只用于囚禁普通士兵，而军官则一律迁往位于亚皆老街的集中营。另外，为数不少的印籍士兵则全数被送往马头涌集中营。后来，为了对外宣传，日军释放了所有印籍士兵。由于环境挤迫、粮食不足、卫生问题和药物短缺等原因，战俘营内疫病蔓延，痢疾、白喉等传染病非常猖獗，其中尤以深水埗集中营为甚。截至 1942 年中旬，该营累计有 300 多名战俘因病死亡。

1942 年 8 月，日军的作战版图继续扩大，在中国战场上已深入华北、华中和华南地区，向南则占据了越南和缅甸等地。在太平洋战场上，日军在各岛屿上筑起堡垒和大炮，包括新几内亚、所罗门群岛、中途岛、埃利斯群岛（1978 年独立为图瓦卢），以至阿留申群岛和阿图岛等地都可见到日军的踪影。小小一个岛国，实在没有那么庞大的人力和物力资源去应付横越半个太平洋的战场。1942 年中旬以后，日军在太平洋地区的战事开始失利，国内的壮丁都已被送上战场，劳动资源严重缺乏，于是日本军政府便开始打囚禁在各地的战俘的主意。

1942 年秋季，日军开始将各占领区的战俘运回

日本。单单是香港深水埗集中营便先后有约 3000 名
战俘被运往大阪、神户和长崎等地当苦工，协助日军
政府和大型企业从事修路、扩建机场、采矿和搬运等
劳务。

登上"里斯本丸"

1942年9月25日，1834名英军战俘集合在深水埗集中营的阅兵场上，日军中尉和田英男（Hideo Wada）通过翻译官新森源一郎（Niimori Genichiro）振振有词地向在场的战俘宣布："你们将被带离香港，去一个会好好照顾和善待你们的美丽国家。我将会亲自率领这个队伍，请注意自己的健康，并记住我的脸。"

战俘知道自己即将被送往日本后，部分人的情绪反应非常复杂。有人对日本仍抱有幻想，认为日本人爱面子，应该不会在自己国家对战俘作出不人道的对待，所以被送到日本可能会得到更好的待遇。大部分战俘则对和田中尉的讲话心存异议，倾向于留在香港，认为这样更可能日后获救或者逃脱。

不过，作为战俘，当然无法决定自己的命运。经过简单的身体检查，战俘们被分成每组50人，各组由1名军官带领，从深水埗集中营附近的码头乘坐驳艇，登上排水量7152吨的客货船——"里斯本丸"。"里斯本丸"已经被改装，安装了小型枪炮和通信器材等军用设备。船长的名字叫经田茂（Kyoda Shigeru），连同船员共有77人，全部被日军征用负责这次押运战俘的特别任务。

登上"里斯本丸"的部分人员安排表

1号舱	皇家海军 Royal Navy	362人
2号舱	皇家苏格兰军团第二营 Royal Scots 2nd Battalion	373人
	米德尔塞克斯兵团第一营 Middlesex 1st Battalion	366人
	皇家工程部队 Royal Engineers	172人
	皇家通信部队 Royal Corps of Signals	129人
	皇家陆军医疗部队 Royal Army Medical Corps	22人
	皇家陆军军需部队 Royal Army Ordnance Corps	2人

续表

2 号舱	皇家陆军牙医部队 Royal Army Dental Corps	2 人
	皇家陆军补给与运输勤务部队 Royal Army Service Corps	1 人
	香港警察队 Hong Kong Police Force	5 人
	民众 Citizens	5 人
3 号舱	皇家炮兵团 Royal Artillery	380 人

按国际惯例，用来运载战俘的船只本应悬挂相关旗帜或者明显标志，以提醒处于交战状况下的敌方不要伤害它。很明显，日军在这次运送行动中并没有这样做，直接导致了数天后遇袭沉船惨剧的发生。

事实上，从太平洋战争爆发直至二战结束期间，日本商船经常连人带船被日军征用，经常被盟军击沉。据统计，在二战中日本共损失了 2394 条商船，占征用商船总数的 88%。而在人口损失方面，单就日本航运界的老大——日本邮船株式会社来说，便因为这样而失去了 5300 名船员。"里斯本丸"正是日本邮船株式会社旗下被日本陆军征用的商船。船只被击沉后，日军并没有向船主作出赔偿。

英军战俘队伍的代表为米德尔塞克斯兵团第一营司令官斯图尔特（H. W. M. Stewart）上校，一些军官从旁协助他。面对近 2000 名战俘，日军派出由和田英男中尉率领的 25 名卫兵负责守卫工作。登船的英军战俘来自多个战斗队伍，包括米德尔塞克斯兵团第一营、皇家苏格兰军团第二营、皇家炮兵团、皇家通信部队、皇家陆军医疗部队等官兵以及少量非军事人员。近 2000 名战俘挤进船上的 3 个货舱：由波洛克（J. T. Pollock）上尉指挥的皇家海军入住最靠近船首的第 1 号舱；斯图尔特上校指挥的皇家苏格兰军团第二营、米德尔塞克斯兵团第一营和其他小队及散兵，被安排进入船桥首部的第 2 号舱；由彼特（Pitt）少校指挥的皇家炮兵团，则进入位于船桥尾部的第 3 号舱。船舱内空间狭窄、空气闷热，所有人都得肩并肩地挤坐在一起，不能同时躺下来休息，唯有轮流入睡。

战俘登船后近一天，即 9 月 26 日下午，约 780 名日本军人（部分为伤兵）也登上"里斯本丸"，并占据了甲板的大部分位置。也许是因为这些官兵即将回国返家，神情显得十分兴奋，并且有说有笑，跟身处船舱底层的情绪沮丧的英军战俘形成了强烈对比。翌日拂晓，"里斯本丸"离开海港启航北上，驶入危机四伏的大海。日军获得情报，知悉美军潜艇活跃于沿途海域，而且不时偷袭经过的日本商船，以打击日军的补给路线。因此，为安全起见，船长命"里斯本丸"尽量贴近海岸线航行，而且不时由日军从沿岸的机场派出侦察机在高空搜寻美军潜艇的踪影，一有发现，便会投放大量深水炸弹攻击。

9 月 30 日，天气不错，"里斯本丸"经过 4 天航程，总算平安无事。然而，对关押在船舱底部的战俘来说，这几天的日子一点也不好过。混浊的汗臭味和排泄物气味，令人窒息，日军只好允许部分患病的战俘轮流到甲板透透气。据战俘忆述，当时的饮食安排是早餐为白饭和热茶，而晚餐则加上四分之一罐的牛肉罐头和一汤匙的蔬菜。饮水算充足，偶尔能获得两根香烟，但厕所严重不足。虽然翻译官新森源一郎在战后的审判中坚称，每名战俘均获得一件救生衣，但幸存的战俘则否定此说法。对他们来说，船上的经历实在不堪回首。

根据战俘回忆，由于日军奉天皇为神明，每天早上都强迫战俘朝日本方向敬拜。大家当然万分不愿意。然而，谁若是稍有不合作，便会被日军用枪柄毒打，受尽屈辱。

美军潜艇出击

在第二次世界大战中，盟国和轴心国都有采用潜艇来攻击敌方船只的策略，目的是打击敌方士气及消耗敌方物资。被攻击的船舰包括军舰、运兵船、运送军事物资的医疗补给舰，以及被军方征用的民用船只。在遥远的大西洋海域，纳粹德国派出大量潜艇去截击越洋的盟国舰船，意图阻挠美国的援欧行动。而在太平洋战场的这边，美军潜艇则对日本采取同样的策略，在太平洋东岸海域派出潜艇巡弋，并成功击沉大量路过的日本商船。

9月30日晚，隶属于美国太平洋舰队潜艇部队第八十一分队的"鲈鱼"号（USS Grouper, SS-214）正在舟山群岛海域执行海上巡逻任务。潜艇的指挥官为迪克（Claren E. Duke）少校，和其他船员一同来自位于1000多千米外的珍珠港基地。这天晚上月色皎洁，天朗气清，是有利于从潜望镜中分辨敌我舰船的好天气。"鲈鱼"号在海中潜航，静静地等待着猎物。到了10月1日凌晨4时，猎物出现了。

"鲈鱼"号发现了"里斯本丸"及几艘小舢板的踪迹。迪克少校认为时机未成熟，遂决定减慢潜艇速度，锁定目标，与其保持一定距离，监视"里斯本丸"的动向。"鲈鱼"号潜入海中，低速缓缓前行，超越两艘渔船后，驶到"里斯本丸"前方的预定水域守候着。当时，潜艇因技术限制，潜航能力不佳，战法一般是在海面上巡弋，直到发现目标后进入备战状态时才会潜航，所以潜艇通常会备有海面作战和防空用的火炮。10月1日早晨6时许，天色渐亮，"里斯本丸"突然改变航向，有可能偏离"鲈鱼"号定好的攻击路线。迪克少校立刻下令潜艇潜入水下，准备把握时机发动攻击。

根据"鲈鱼"号的航行日志记录，"鲈鱼"号在早晨7时4分于距离"里斯本丸"2926米的位置发射了3枚鱼雷。虽然这个距离并不远，但是居然没有一枚鱼雷命中目标。迪克少校再次下令发射第4

当时正在西太平洋沿海游弋，并进行商船打击任务的美国海军小鲨级（Gato-class）"鲈鱼"号潜艇。"鲈鱼"号在1942年2月正式在美国海军服役，潜航时排水量2424吨，备有10组鱼雷发射管（前6组、后4组）及24枚鱼雷、一门76毫米火炮、多挺口径12.7毫米机枪和7.62毫米高射机枪。和当时所有潜艇一样，"鲈鱼"号是以传统船形设计，其水面航行能力比水下航行能力好。战时共击沉4艘敌国船只的"鲈鱼"号，经历过第二次世界大战，一直在美国海军中服役至1968年才退役。

营救里斯本丸

枚鱼雷。过了2分10秒，从"里斯本丸"方向传来了一阵巨大的爆炸声。该船螺旋桨被潜艇击中，船身随即向右转50度并停止前进。迪克少校透过潜望镜观察战况后，立即下令潜艇转向，驶至"里斯本丸"的右舷，准备再次发动攻击。

"里斯本丸"突遭美军潜艇袭击，甲板上的日军先是挂出一面意为不要伤害它的旗帜，继而向潜艇的方向开炮射击。纵然未对潜艇构成重大威胁，但是这至少表明日军已从突袭的打击下反应过来。早晨8时45分，位于"里斯本丸"西面的"鲈鱼"号在914米之遥发射了第5枚鱼雷。5分钟后，鱼雷从船底擦过，并未命中目标。潜艇船员重新准备，并在水下1.8米处准备好发射第6枚鱼雷。就在这个关键时刻，"里斯本丸"恰好向右边轻微地倾斜了一下，躲过了这枚鱼雷预定的攻击线。

于是"鲈鱼"号开到"里斯本丸"的舷窗边，拟从船尾攻击。9时37分，"鲈鱼"号发射了它的第6枚鱼雷，一起发射的火炮直接命中了"里斯本丸"。

这时，一架轻型轰炸机刚赶到现场上空，"鲈鱼"号被迫立即潜入 30 米的深海中，并在下潜的过程中听到一声巨响。迪克少校这时大概做梦也不会想到，他居然下令击沉了一艘满载盟军战俘的船。

惨被遗弃

"里斯本丸"遇袭之际，旭日初升，不少战俘经过一夜的煎熬，在挤迫和恶臭中好不容易刚进入梦乡，便又惊醒过来，还以为是到了例行的早晨点名时间。 只听到夹杂着隆隆炮火声的几下巨响，战俘感到船身颤抖并且慢慢停了下来，谁也没有想到是被鱼雷击中。他们从舱门的细小隙缝中看见，甲板上的日军正在忙着操作安装在"里斯本丸"前舷的舰炮向海上射击。

根据记录，日军总共向"鲈鱼"号发射了 98 枚炮弹，始终未能将其击退。本来在甲板上那些为数不多的伤病战俘，此时通通被赶回船舱，并有日军在入口处把守着，严防舱里战俘伺机造反。战俘在舱内对外面发生的变化并不太清楚，有战俘代表提出让部分战俘到甲板上呼吸新鲜空气的要求，全被日军拒绝。在接下来的数小时里，由于未能前往甲板，所以战俘们对外面的情况只能瞎猜，只知道平时的饮食和照明都被截断了。3 个船舱里的人们想尽各种办法互通情况，甚至以摩斯电码的方式，通过敲击管道来传递资讯。当得知彼此处境一样，战俘们只能奢求日军最后会解救他们。位于船体中央的 3 号舱情况最糟，内部开始进水，舱里的战俘被迫自救，以人力轮流操作水泵排水。不少体格较强壮的战俘都尽力地去踩水泵，但在极度闷热缺氧的环境下，很多人昏厥过去。然而，这一切努力似乎都无济于事，船尾因为严重进水，已经逐渐地下沉，3 号舱里数百名战俘危在旦夕。此时日军仍然坐视不理，并未采取任何救助措施。日本海军驱逐舰"黑潮"号（Kuroshio）在午后时分赶到"里斯本丸"附近海域。下午 5 时许，"里斯本丸"上的日本军人开始转移到驱逐舰上。

另一艘日本运输船"丰国丸"（Toyokuni Maru）这时也赶到现场。各舰的指挥官们齐集在"里斯本丸"上开会，最后决定将剩余的日军官兵转移到运输船上，留下少量卫队及船员看守俘房，同时计划将"里斯本丸"拖到浅水区等候救援。"里斯本丸"上剩余的 25 名卫兵为防范舱内近 2000 名战俘骚动，开始将所有舱口封闭，并压上木条。斯图尔特上校代表战俘提出抗议，请求日军至少拿掉一根木条，使船舱里能有一点空气流通。起初船长表示出一点同情，并为此事与和田中尉争吵起来，但最终和田中尉坚持必须关闭全部舱盖口，并威吓船长，称此事乃军事行动，船长无权干涉。就这样，战俘船舱被盖上封条和防水帆布，并用绳索捆绑，舱内顿时漆黑一片。战俘们彼此依偎紧靠，互相安抚，勉强保持镇定和纪律，没有立刻引发骚乱，在惶恐中度过了漫长的一夜。

10 月 2 日拂晓，"里斯本丸"遭受鱼雷袭击超过 24 小时，船体开始剧烈地左右摇晃起来，看来已不可能在沉没前被成功拖到浅水区了。在危急时刻，斯图尔特上校决定不再浪费时间，遂组织一小队人员先采取行动。豪威尔（Howell）中尉领先持刀奋力向上切开舱盖口的木块和防水布，但因缺氧和体力不支，第 1 次行动未能成功。上午 8 时 10 分，眼看船体即将下沉，船长向"丰国丸"打出旗语，要求允许弃船。运输船随即派出救生艇，将大部分卫兵和船员载走，留下六七名士兵仍在甲板上监视舱底的战俘。到了上午9时左右，豪威尔中尉找到了另一条通往舱口盖上的木梯，竭尽全力打开舱盖，与隶属香港圣约翰救伤队的波特（Potter）中尉等4人爬上甲板，缓步向船桥走去，希望与船长交涉。然而，船上的几个日军竟不问缘由就开枪射击，波特中尉中弹死亡，汉密尔顿（G. C. Hamilton）中尉亦中枪受伤，其余2人仓皇逃回船舱。斯图尔特上校得悉外面的情况后，知道船舷在海中的位置已经很低，意味着逃生时间不多了。

这时，最后几个被留在船上的日本卫兵和船员也被接走，拖船也解开了缆绳，任由"里斯本丸"连同船上的战俘一起葬身大海。"里斯本丸"的船尾下沉了，大量海水涌入3号舱，淹没了里面的战俘。此时，1、2号舱的战俘们不顾一切地冲上甲板，跳入大海逃生。由于大部分战俘都没有救生圈，加上有半数的人也没有配备救生带，大家都拼命抓紧一切漂浮的杂物。

在周围大小船上的日军看到这样的情况，非但不出手援救，还使用机枪、步枪等射杀跳落的战俘，或者驾船从落水的战俘身上开过去。有时少数战俘好不容易才爬上日本船只垂挂的绳索时，又被日军野蛮地踢了下去。许多原本能够生存的战俘，就这样被日军打死在海里。

日本方面理所当然地试图掩饰事实真相。事发一个星期后，《朝日新闻》在10月8日晚报版的报道中提到，美军潜艇将满载战俘的"里斯本丸"击沉，日军尽力营救但未果，企图将责任推卸到美军身上。当然，报道并无提及"里斯本丸"没有悬挂任何战俘船的旗号，且日军在货船沉没时将战俘困在船舱中，甚至射杀逃到水中的战俘。

渔民营救

　　"里斯本丸"沉没后，海上散满了船体的残骸、尸体和垃圾，数百名尚存的战俘在海中拼命挣扎着。由于日军未在船上备有足够的救生圈和救生艇等设备，在海上抓不着漂浮物的战俘们体力不支，一个接一个被无情的海浪吞噬。

　　事发地点位于舟山群岛最东端的中街山列岛附近，当中包括青浜和庙子湖两个住人小岛。两个岛孤悬海隅，面积约为2平方千米。自日军占据舟山后，岛上约2000名渔民便与外界隔绝。开始时渔民并不知道发生了海难，只见海面上散满了布匹和杂物。直至潮流将战俘冲至岛上，渔民才惊觉发生了沉船事件。由于不少战俘的衣衫早已残破不存，渔民根本就分不清是日军还是盟军，但是渔民相信，无论是谁，只要是漂浮在海面上的，都必须先救上来。他们将先前打捞的布匹、杂物甚至鲜鱼倒进海中，以腾出空间装载更多的受难者。

青浜岛救援行动由赵筱如、唐品根、翁阿川、唐如良、许毓嵩等人发起。人命关天，他们通传全岛渔户，出动渔船 30 艘，救助 44 船次，营救英俘 278 人（包括西福山岛上营救的 62 人）。庙子湖岛则由沈万寿、吴其生、吕德仁、沈元兴、沈阿明等人发起，出动渔船 16 艘，救助 21 船次，营救起英俘 106 人。两岛渔民奋力救助至午夜为止，共救起英俘 384 人。由于渔船体积有限，每次只能救起约 10 人，可能是精疲力竭的缘故，战俘们并未争先恐后地挤上渔船，而是静静等候渔民下一轮的救援。渔民便这样以小渔船来回往返，将战俘一小批一小批地运回岛上。不少战俘由于精力消耗殆尽，未能等到渔船回来接送便沉入海中，永远不能回家了。

由于海面风急浪大，除了淹死在海中的，还有部分战俘被海浪冲上岛旁尖削的岩石堆，不幸摔死。获救上青浜岛的英俘大部分被安排在天后宫庙宇内暂住，另一部分人分散入住渔民家里。而庙子湖岛上的英俘，则全部被接至各村民家中照料。大多数英俘仅着短裤背心，衣着极其单薄，又经历了在海水中苦苦挣扎，体能消耗殆尽。

目睹战俘如此凄惨状况，存粮原本就不多的渔民却慷慨地拿出全部大米、鱼干、番薯等食物让英俘享用，同时还各自去除衣袄，交给英俘穿用。由于彼此语言隔膜，渔民对于战俘的背景所知不多，只知应尽快将他们的情况告知当时的国民政府。

由于两小岛骤增 380 多名青壮年，粮食供应顿时告急。同时，几架日本轰炸机飞临青浜岛上空，向沉船地点投下了大量炸弹。岛民担心日本人会再度回来围捕，英俘危险并未解除。赵筱如、唐如良等人连夜紧急商议，计划将数百名战俘送返内陆，交给国民政府。可惜，由于两岛的对外交通隔绝，送返任务难以执行，万一在漫长的路途中被日军发现，后果不堪设想。

直到翌日天明，众人仍苦无良策。

再成俘虏

10月3日，自定海县沈家门港出动的日军5艘军舰驶抵东极海域，其中3艘将炮口对准青浜岛，2艘对准庙子湖岛。舰艇靠岸后，手握军刀的日军军官指挥士兵登上两岛，气势汹汹地挨家挨户搜查。英军官兵相继重落敌人手中。据渔民忆述，日军对部分渔民吊打施刑，并威胁要放火烧村，将所有人杀死。后来一位翻译出来求情，称救助遭受海难的人们只是渔民古老的习惯，他们并无意与日军对抗，村民才得以避过厄运。一些战俘不想连累无辜的村民，主动向日军自首。10月4日，日军将两岛上共计381名英俘押解上军舰，扬长而去。

日军做梦也想不到，在他们的武力威迫下，村民居然还敢将3名战俘藏匿起来。在青浜岛上，有个名为"小孩洞"的海蚀洞，洞口可容1人通过，但是内里宽大，可容10余人。在涨潮时，洞口被海水淹没，从外面看，根本不可能知道洞穴的存在。当日军军舰在清晨驶至时，正在商议的唐如良、许毓嵩等人立即提议，将英俘伊文斯（J. W. Evans）、詹姆斯顿（W. C. Johnstone）、法伦斯（J. C. Fallace）送至"小孩洞"隐藏起来。青年渔民翁阿川自告奋勇带领这3人即刻前往避难，并负责照料其饮食与安全。

日军舰艇在其后数天仍然频频在两岛附近游弋，到10月8日才离去。为将3名英俘及早护送到安全地带，赵筱如等10余人再次商议，决定迅速将他们送至国民政府。村民找到住在附近葫芦岛上的定海县国民兵团抗敌自卫第四大队的副大队长缪凯运帮忙。缪凯运早年曾在上海生活学习，略通晓英语，与伊文斯等人沟通颇为顺利，获知了海难详情，随即周密布置偷运英俘事宜。

10月9日夜，3位英俘换上渔民服装，隐藏在小舢板船舱内，由唐品根、许阿台、李朝洪、郭阿德、任信仓、王祥水等人驾船，缪凯运另派武装船护航，将战俘安全转移至葫芦岛，入住缪凯运的岳父杨福林家。伊文斯等人在杨家受到妥善安置，换上干净整洁的衣服，情绪很快稳定下来。但经过连日折腾，3人都不同程度患有疾病，其中伊文斯发烧最重。已有准备的杨家从沈家门请来医生李启良帮助诊治。经打针、服药及休息，至10日天明进食热番薯稀饭，3人高烧减退。为尽早脱离险区，缪凯运带人护送伊文斯等人，趁夜色掩护，乘船抵达郭巨镇甘露庵大队驻地，交给定海县国民兵团抗敌自卫第四大队大队长王继能。就这样，3名战俘在各地的抗日自卫队的协助下，辗转抵达战时首都重庆，由英国政府驻华使馆接回。

战俘的命运

　　伊文斯、詹姆斯顿和法伦斯几经艰辛，终于逃离日军的魔掌，并且能够活着向全世界揭发日军的暴行。他们接受报纸和电台的采访，将"里斯本丸"的惨剧说出来，反驳日本方面声称曾努力救助战俘的说法。不过，其他被日军抓回的战俘就没有那么幸运了。1942 年 10 月 5 日，被再次捕获的战俘们齐集在上海码头，进行早会点名，结果只剩下 970 人，这意味着有接近一半的战俘已葬身大海。

　　据不完全统计，这些不幸遇难的英军战俘包括皇家炮兵团 235 人、皇家苏格兰军团 160 人、米德尔塞克斯兵团 150 人、皇家工程部队 100 人、皇家陆军医疗部队 3 人、皇家海军 3 人，另有 2 人不清楚其所在部队番号，合计 653 人。除了 35 名患较重痢疾的人留在上海外，900 多名战俘被押上"迅水丸"（Sensui Maru）商船远赴日本的战俘集中营。在旅途中由于痢疾和白喉盛行，5人死亡。1942年10月10日，轮船在日本门司靠岸，36名白喉重症者被送往医院，剩下一组约500人被运往神户，其余人被运往大阪。

经过一连串的劳作和疾病影响，英俘们已经非常虚弱。数月后，陆军上校斯图尔特去世。在战争结束前，有114人死于神户，55人死于大阪，21人死于小仓，24人死于门司，还有30人死于其他地方，合计244人。总计，在最初登上"里斯本丸"的1834人中，有828人在沉船中溺水或被杀害，5人在赴日本途中丧生，245人陆续死亡，一共死亡1078人，只有756人幸存。这些幸存者在日本战败后大都回到英国与亲人团聚。

第二章

营救实录

历史口述

父亲，做了中国人应做的事

口述回忆：缪芝芬
笔录整理：王永建

我是缪凯运先生唯一的女儿，对于父亲在该历史事件中做了中国人应做的事，我感到非常自豪。

在众多的幸存者被青浜岛渔民救上岛的时候，青浜岛渔民唐如良发现，有3位与众不同的光脚幸存者，他们是由其他光脚幸存者搀扶着上岛的。经其中几位在香港生活多年的外国幸存者用不太流利的粤语讲述，唐如良方知道：这3位众人搀扶者是他们中有特殊身份的领导者。当即，唐如良就将这3位幸存

缪凯运
唐如良

者安排到自己家里住下。

10 月 3 日早晨，唐如良即派小舅子王邦荣先去告诉家住南田湾的好友翁阿川，让他做好准备安排 3 位幸存者的藏身之处。南田湾离南奆较远，又比较偏僻，是不太引人注目、相对安全的小村子。下午，太阳西斜时，唐如良亲自护送 3 位外国人来到了翁阿川的家。翁阿川就让 3 位外国人白天躲藏到南田湾北面海边的"小孩洞"岩体中，晚上再接他们回家过夜。

10 月 4 日早晨，获救的外国人发现，住在唐如良家的 3 位领导不见了。于是，不明真相的外国人都聚集到青浜岛的天后宫庙房里。因为担心自己的领导出事，他们一直向青浜岛的唐如良打手势要人。经唐如良等人耐心解释，方才消除了外国人的误解和怀疑。

王邦荣
翁阿川

吃过晚饭后，唐如良估计不会有什么意外事，就悄悄地领着外国人选派的代表去南田湾翁阿川家见了3位领导，并带回了他们对全体幸存者的指令。大家方才完全明白，青浜岛渔民正在设法与外界抗日游击部队联系，让全体幸存者回国，分开居住是保护他们的措施。

正当青浜岛乡民总干事赵筱如、乡民代表会主席唐品根与唐如良、许毓嵩、李潮洪、任信仓、王祥水、翁阿川等人商议，确定派员与抗击自卫大队（第四大队）联系救护外国盟军之时，日军5艘军舰已经包围了东极诸岛，并在下午分路开始对青浜和庙子湖两岛进行了有目的的大清剿。也许是为了保护3位领导和不给岛上百姓再添麻烦，住在庙里和渔民家中的英军战俘听到同伴的吹哨声后主动出来集合，被日军一起押上了

赵筱如
唐品根
许毓嵩
李潮洪
任信仓
王祥水

军舰。仅有被渔民藏在青浜岛南田湾"小孩洞"的3位领导幸免被捕。

唐如良的妻子王娇云和翁阿川的妻子留阿女，以及女儿翁柳香仍为藏在"小孩洞"的3位战俘日日送水送饭。但大家万分担心，万一让日军知道了怎么办？当时日军的巡逻炮艇每天都在舟山群岛各大小岛屿之间盘查，情况万分危险。

唐如良与大哥唐品根紧急商量，由赵筱如马上将青浜岛上的情况报告给了住在庙子湖岛的东极乡副乡长沈品生。他们知道，沈品生与我父亲关系较好。所以，沈品生当即和庙子湖岛五保长吴其生驶船找到正在葫芦岛岳父家做客的缪凯运副大队长请求帮助。父亲听了沈品生、吴其生两位的紧急报告后，马上带着贴身警卫芦瑞元等四五个卫兵，由

王娇云
留阿女
翁柳香

沈品生
吴其生
芦瑞元

沈品生和吴其生领路，冒着日军巡逻艇盘查的危险，连夜驶船赶到"小孩洞"，拜会了3位外国人。因当年我爷爷和奶奶在外国人开办的上海（得力峰）电话公司做工多年，父亲出生在上海，并在上海读完了小学和初中，接着到上海商务印书馆打工，并自学了多国外语。父亲与3位外国人交流后得知，他们都属英国抗日盟军，其中有位生病发烧，但很会说话的英国人，名叫伊文斯（当时是英美烟草公司驻香港烟厂总监），另两位分别是英国驻香港总督衙门的高级职员和英国皇家海军印度特遣舰队的中尉。他俩的译名是詹姆斯顿和法伦斯。这两人都不太爱说话。父亲觉得事关重大，应尽快设法将这3位英军盟友迅速送往内陆。

为此，父亲当机立断，指示沈品生

杨福林
王继能
苏本善

等人对此事做了周密的布置和保护的措施。他一边派芦瑞元带卫兵速去沈家门报告岳父杨福林老先生，请他出钱请医生到葫芦岛；另一边，父亲连夜乘船赶回郭巨镇第四大队所在地，又分别派人将情况报告给正在康头整训部队的王继能大队长和定海县县长苏本善。

当芦瑞元等人赶到沈家门找到我外公（杨福林）后，赶紧把情况向杨老先生作了报告，杨老先生当即写了一封信给来者，并再三嘱咐："你们千万千万要注意安全，一定要设法躲过日本人的眼睛，把这封信带去葫芦岛交给我老婆。她会配合你们行事的，我也会及时带医生赶去的。这事只许成功，不能失败。"当芦瑞元等赶回（郭巨）部队汇报时，已是后半夜了。父亲有了杨老先生的帮助，又召开了紧急会议，周密地布置了转移和护送 3 位英军盟友的具体方案。

又是一个风平浪静的夜晚，东极乡青浜岛渔民阮如康、郭阿德、郭大康（3人为连襟）在他们妻伯唐品根和五叔唐如良等亲友的周密安排下，按照父亲定的行动线路出发。他们让英国人穿上渔民的破衣襟衫和肥大的龙裤，隐藏在舢板船篷下。经过仔细伪装，再装上鱼筐后，他们就摇橹直航葫芦岛。父亲还派了 1 只护航船亲监督阵，紧紧地跟随着，以防日军巡逻艇的拦截。那晚很幸运，正好是顺风顺水，小船驶了 3 个多小时终于安全到达葫芦岛沙滩（即葫芦岛的舀门口）。

郭阿德他们把发烧生病的伊文斯和詹姆斯顿、法伦斯搀扶着交给了等候在葫芦岛接应的第四大队俞登年等人。他们的小船刚离开，我父亲的护航船也随

阮如康
郭阿德
郭大康

俞登年

后赶到葫芦岛。他们不敢点灯，摸黑把英国人搀扶着送进杨家大院。外婆立即叫人关好大门，消息绝对不得外传。我舅妈史兰仙（当年约 27 岁）也很贤惠，马上将 3 位英国人已湿透的衣裤换成干净的。

当晚 3 位英国人都有不同程度的发烧。过了不多时，我外公也雇渔船从沈家门赶到了葫芦岛，并花重金请来了一名（可能）叫李启良的医生（当时是医学博士）。经过打针、吃药和休息，到天亮时，他们的烧也退了，又吃上了热气腾腾的番薯稀饭。

伊文斯的话又多了起来："哦，OK！我从来没吃过这么好吃的东西。不法的日本强盗把我全家弄到船上。'里斯本丸'出事后，我眼睁睁地看着妻子和儿子被海浪冲走而无法相救，自己也

史兰仙

李启良

真不想活了。是你们这些好心的中国人冒死救了我和我的战友。若我们能回英国家乡，将来一定要好好地报答你们中国人的大恩大德，决不食言！"

这时，我外公和我父亲才亮明了自己的身份。父亲当场就说："先生，你错了，我们救人不是为了图报答，况且我们也有钱；希望你们能够平安地回国，我们也就放心了！"天亮后，李医生留下药品就随我外公赶回沈家门。上午，葫芦岛的"头面人物"翁贤方听人讲杨老先生家昨晚半夜里进出许多人，现在大门紧闭，就急忙来杨家敲门。

这时，我父亲已听出来是翁老先生敲门，于是赶紧将3位英国人藏到堂后隐蔽起来，并以礼相待地开大门接待翁老先生。翁老一进门就问："大女婿（我父亲是杨家大女婿），阿伯今天不客气，

翁贤方

你有什么秘密事情瞒我？"我父亲知道翁老是位有资格的老前辈，就把救人的事告诉了他。翁老一听万分焦急地说："大女婿，我求侬（你），阿拉（我们）葫芦岛小，家家住的都是草房，东洋人（即日本人）一旦知道这事，可一把火就能将葫芦岛烧得精光。侬不要害我和大家，我要下逐客令了！"当时，我父亲就向翁老表态："请翁老放心，等天一黑，我一定将他们送走；但请翁老前辈保证给予保密，对外仍说是杨家筹备过生日做寿。"就这样，3位英国人经过打针、服药和安心休息，身体得到了及时的恢复。伊文斯和我父亲还互赠了礼物，他们还要走了我父亲的照片和物品，以作留念。但遗憾的是英国人送给我父亲的纪念物，在1947年6月14日，因国民政府定海县保警第三中队中队长、沈家门警军联防办事处主任王雪瑜等人怀疑父亲曾与共产党员徐小玉来往，将他杀害后抄家抢走。

当晚，我父亲在沈品生等人的专船护送下，将3位英国人直送抗敌自卫大队第四大队驻地郭巨镇甘露庵。这时，王继能大队长也得到了我父亲的报告，即刻赶到部队驻地。当他拜会了3位英国人后，马上和我父亲说："阿弟，你我扬眉吐气就在今朝！"我父亲答："阿哥，你讲这话太俗气，只能和我一人说，千万别在外面说，你我都要保持中国人自己的人格和国格。"王继能回答："谁叫我俩是结拜兄弟，我们哥俩儿有什么话不可说呢？既然救了人，还是大家拍照留个念吧，也可留下救人的证据。"

3位英国人也急着要求与我父亲和王继能及前来送别的沈品生、吴其生、

窦飞熊
忻元寅

警卫排窦飞熊、忻元寅（于 1998 年写过《护送获救英国战俘亲历记》等回忆文章）等人合影。拍照后，王继能又与我父亲商量："阿弟，这次送走 3 位英国人，要经上级同意，还需花很多钱。我虽是一大户家庭，你也知道，经济上已入不敷出。"我父亲即答："阿哥，请你放心，这一切我都会安排好的，你就放心回集训队好了。"

陈根友
江明远

第 2 天，王继能与 3 位英国人相拥告别后就回集训队了。经过几番周密安排，我父亲派了忻元寅、陈根友、江明远等 16 人负责护送，还给了许多路费，再由苏本善县长派人护送他们到浙江省政府（抗战）所在地云和县，转抵重庆英国驻华领事馆。由于 3 位英国人在重庆广播电台披露了日军的不人道行为，引起了国际社会的公愤和声讨，从而使其他"里斯本丸"幸存者在日本无条件投降后，得以回到英国与亲人团聚。

营救抗日英军之事已经过去 60 多年了，我父亲只不过是做了一个中国人应做的事。现在，旧事重提，有关方面将这段刻骨铭心的往事编成电影等文艺作品，市委宣传部还牵头正式成立了"历史研究会"。对该段感人心怀的历史的研究工作在市委、市政府和社会各界有识之士的不懈努力下取得了可喜的进展。借此机会，经过回忆，特拟文以示纪念和供参考。由于时间过了许久，有许多珍贵的原始资料有所遗失，回忆难免有不完整之处，还望社会各界有识之士继续共同努力，使该段历史真相大白于天下，并使这段中英友谊中所含的精神对繁荣舟山经济和文化发挥其应有的作用。

最后，我衷心感谢大家为二战中那段足以震撼世界的历史重见天日所付出的心血！感谢大家这么多年还能记得我那坚强而又善良可敬的父亲！感谢各位领导和同志们！

你我都要保持中国人自己的人格和国格。

新闻报道 ①

揭秘"里斯本丸"沉船事件

《浙江日报》张学勤、沈浯

在浙江省档案馆的特藏室内，保存着一组形成于 57 年前、编号为 L030—236 的历史档案。

打开这一卷宗档案的封面，映入人们眼帘的第 1 份档案是一封全部用英文撰写的电传信件。此信是当时（1948 年 4 月 12 日）的英国驻华大使写给当时中国外交部的。主要内容如下：

战争期间，一艘日本的船只"里斯本丸"运载着约 2000 名英国战俘，从香港前往日本。1942 年 10 月 2 日，该船行驶到舟山外洋，遭鱼雷攻击而沉没。当时，由于中国舟山的东渔父岛渔民的奋勇救助，有 300 余名英国战俘没有葬身大海。尽管当地渔民

---

① 本章节新闻报道发表于 2005 年。

的生活非常艰苦，但是，他们还是想尽办法为这些英国战俘提供了食宿、照料等，使他们生存了下来。10 月 3 日，日本兵派出炮艇围住岛屿，又将这些英国战俘押走。然而，当地的中国渔民还是冒着生命危险保护了其中的 3 名英俘，最后将他们安全地送到了重庆。为了感谢中国舟山渔民大无畏的救助精神，英国政府已经拨出一笔专项资金作为奖品，赠送给当地渔民。同时，英国海军已计划派出一艘驱逐舰，前往舟山东渔父岛举行赠礼仪式。

第 2 份档案形成于 1948 年 4 月 16 日，是当时的中国外交部写给浙江省政府的一封快信。该信要求浙江省政府核查一下，舟山东渔父岛上渔民"是否确曾在 1942 年 10 月 2 日救助'里斯本丸'上之遇险英俘"。

该卷宗的最后一份档案是舟山东极乡送呈的一份关于救助英国战俘的详细经过。主要内容如下：

岛屿名字记错了，东渔父岛应为东渔人岛，它是一个历史地名，现在叫青浜岛。1942 年 10 月 2 日早晨，当地渔民听到外洋传来霹雳巨响。后来，海面上就有遇险者在挣扎。在渔民唐如良等 5 人的提议下，青浜岛全岛渔民划船参与救助，共救起 216 人；一旁的庙子湖岛，也在渔民沈万寿等 5 人的发起下开展了救助，共救起 106 人；另外一个小岛，西福山岛也救起 62 人。被救的人中，有人出示"香港英国人"5 个中文大字，渔民才知道救助的是英军战俘。看到这些饥寒交迫的战俘，这些小岛上的渔民纷纷拿出衣服、饭食，还为他们安排住宿。青浜岛上几名有号召力的渔民则开始商量如何将这些盟国战俘安全转移。但是，还没有商量出眉目，10 月 3 日早晨，日军的 5 艘炮艇就已经出现在这些岛屿的周围。青浜岛的唐如良等人，连忙把英国战俘中看似"头头"的 3 个人藏匿到岛上的山洞中。当天下午，200 余名全副武装的日军上岛挨家挨户地搜捕英国战俘。结果除了山洞里的 3 人外，其他 381 名英国战俘都被日军押走。此后几天，敌舰一直在这些岛旁巡逻。

10 月 9 日，青浜岛周围已经没有巡逻的敌舰，渔民唐品根等6人冒险用小帆船将3名英国战俘送到葫芦岛，交给了当时抗日的第四大队王继能部，后辗转送到重庆。抗战胜利后，被救的3名英国人与唐如良、王继能取得了联系。英国大使馆可能是听了这3名英国人的介绍，只知道青浜岛渔民救助了200余名英国战俘，其实，各小岛渔民共救英俘384人。这份救助经过档案的后面还附有一份花名册，都是当年救助过英国战俘的渔民姓名。

那么，如此大规模的救助，东极乡为什么一直没有向上报告呢？其实，抗战胜利后乡里也打算上报，但是，当地老百姓的质朴回答是"我们不想邀功"。所以，这次乡里又要求当年参与救助的渔民登记姓名，以便接受赠款时，渔民们还是不愿意登记。后来，乡里做了许多解释工作，登记工作才得以开展。但当年发起救助英俘行动的沈万寿还是明确表明不接受赠款。

虽然，救助"里斯本丸"英国战俘的历史档案，一直都没有公开披露过，但是在改革开放时期，舟山民间一直有人在关注此事。舟山的离休老干部毛德传较早就开始调查此事。后来，文化系统的张坚、管一星，原舟渔公司的王永建等都曾到青浜岛、庙子湖岛、西福山岛（今都属于东极岛范围）进行过实地调查，积累了许多珍贵的口述史料。当舟山的渔民们看到"里斯本丸"沉船上的外国人正处于死亡边缘时，救死扶伤的传统美德立即驱使他们去全力救人。后来，获悉这些外国人是盟军战俘，清贫的渔民又尽全力提供衣服、食物，并安排住宿。

民间证物

渔民张福庆的船出海救人，小船上已经坐满了英俘，但是，张福庆听到一旁的礁石上传来了音乐声，还是将船摇到礁石旁。原来有3名英军战俘在礁石上，其中1名正在吹口琴。意图很明显，希望有人能救他。

后来，这名吹口琴的英军战俘下海，搭着张福庆的船边，游上了岛。为了感谢救命之恩，这名英军战俘将口琴送给了张福庆。所以，青浜岛的许多渔民都知道张家曾有过一支特别的口琴。但是因为生活实在是太艰难了，张福庆的妻子最终还是将口琴带到上海，换了一石米。王永建说："今天，张福庆的儿子张定康说到此事时，还是感到非常遗憾。要是口琴还在，那就是珍贵的历史见证物。"

其实，当地还是有渔民保存着当年英军战俘所赠的物品。青浜岛上的渔民任福仁也参加了当年的救助活动。后来，被救的英军战俘送给他一把西餐刀。王永建说："如今，这把西餐刀正由其女儿任美君所珍藏。"舟山的民间调查还使一位关键性的人物浮出水面。3名英军战俘之所以能成功脱险，最后还得依仗时任第四大队副大队长的缪凯运。

那么，这样一个关键性的人物，为什么在历史档案中不见其姓名呢？当事人的回忆文章破解了其中的谜团。写回忆文章的正是历史档案中留有其名的王继能。他在生前所写的文章中详细描述了缪凯运帮助3名英军战俘脱险的过程。当时，缪凯运正在葫芦岛上自己的岳父家中做客。听说青浜岛有盟国战俘，他冒险坐船前往。在青浜岛上，他与 3 名战俘交谈后，马上安排人员、船只将他们转移。从青浜到郭巨，再到康头，然后到象山，一路派兵保护。最后 3 名战俘又去了云和，并辗转到达重庆。

王继能的文章中提到，救助 3 名英军战俘，缪凯运实在是功不可没。但是在 1948 年的国共内战时期，缪凯运被国民政府的官员以"莫须有"的罪名杀死了。难怪历史档案中，只有大队长王继能的姓名，却没有副大队长缪凯运的名字。笔者在舟山看到了一幅历史照片，照片中的人物包括王继能和缪凯运，和他们在一起的正是 3 名被救的英军战俘，他们都穿着中国渔民所提供的中式服装。这也是珍贵的历史见证物啊！

更大的见证物其实应该是一艘机动帆船。王永建说，后来英国军舰并没有来东极岛送赠款。我们在翻检以往的旧报纸时获悉，1949 年 2 月 18 日，英国人计划在香港举行一个感谢仪式。当时的港督葛量洪代表英国政府向舟山东极乡赠送"海安"号机动渔船一艘。但是，关于这艘渔船最后的去向，目前还没有一个人能说得清楚。

海外史料

当年"里斯本丸"船上的战俘，今天还有 12 名幸存者在世。研究"里斯本丸"沉船事件的英国学者托尼，一直与这些幸存者保持着联系。托尼从这些幸存者口中获知了事件的真相和中国人的仁慈。4 月 2 日，这位学者应邀来到舟山，将与中国的研究者，以及当年救助过英国战俘的渔民见面。在与托尼取得联系后，有关"里斯本丸"沉船事件的全貌，也开始展现在人们的眼前。

"里斯本丸"船上的战俘，共计 1834 名，都是当年在香港与日军作战被俘的英军官兵（还包括几名军官家属）。"里斯本丸"是条改装过的货船，甲板下有 3 个装货物的底舱，分为前舱、中舱、后舱。日军将这些战俘分别装进 3 个底舱。由于舱小人多，所有人都只能站着，3 个底舱就成了 3 只装人的罐头。

甲板上则是 770 余名全副武装的日本兵。当时，日军要把这些战俘押送到日本。但是，日军没有在"里斯本丸"上标明任何有关战俘船的标记。

1942 年 10 月 1 日早晨，在舟山外洋巡逻的美国潜艇"鲈鱼"号发现该船后，就向其发射鱼雷和火炮，并击中该船。但是，"里斯本丸"并没有马上沉没。当天下午，日本的驱逐舰、运输船都赶到出事海域，将船上的大部分日军做了转移。然而，在这紧要关头，日本兵居然将 3 个底舱的压舱板全部钉死了。英俘中的军官向日军提出抗议，要求每个舱都拿掉一块板，让战俘们能呼吸到一点新鲜空气。但是，这一提议不仅遭到日军拒绝，日本兵甚至还在压舱板上蒙上防水布，从而使底舱的空气更加浑浊。

10 月 2 日早晨，已经是遭鱼雷攻击后的 24 小时，该船还是没有沉没，并已经移动到距青浜岛 5 千米处的海面。但是，船的后舱已经进水。后舱的战俘在极度浑浊的空气中轮流用力踩动水泵排水。上午 8 点多，船上所剩的日军和船员开始撤离。底舱的战俘开始自救。前舱和中舱的战俘最后艰难地打开了压舱板，爬上了甲板。日军却向他们开枪射击。不久，后舱进一步下沉，后舱的战俘最终没能打开压舱板，全部遇难。冲出底舱的战俘纷纷跃入大海，向遥远的岛屿游去。途中有不少人葬身大海。

有位幸存者后来回忆说："奇迹真的发生了！中国的渔船队驶了过来，开始救助活动。我是被救的其中一个。所有被救的人都太幸运了，也包括我。被救后我们所住的地方叫青浜岛。""这些中国人非常善良地对待战俘，给我们食物和中国人自己的衣服。"

幸存者汉密尔顿上校的回忆文章中有这样的话："原先，日本人的本意是让战俘全部淹死，这样他们就可以说船是被美国人击沉的，而他们没有机会实施救援。后来他们在海上看到中国人救了如此多的战俘后，才明白他们的计划不可能实现，所以他们改变了策略。"

"里斯本丸"上的战俘，本来完全有时间获救。日军在转移自己的士兵时，可以将战俘一起转移，但是，他们没有这样做。就这样，在舟山东极岛的外洋中，不仅沉没了一条大船，船旁还留着近千具英军官兵的遗骸（现在最保守的估计是当时死了 828 人）。

历史是一面镜子，只有回望历史，反思历史，才能展望未来。这也正是中国民间人士关注此事、英国学者研究此事的意义所在。

（本篇的撰写得到了浙江省档案馆、舟山市档案馆的大力支持，对此特表谢意。）

一个"里斯本丸"幸存者的回忆

《舟山日报》 陈亚芳、倪立刚

2005 年 8 月 18 日，晴，气温 25~32 摄氏度。
早上 8 时 30 分，一艘轮船从沈家门渔政码头开出，
载着一批特殊的客人，也载着一段悲壮而感人的故
事，驶向舟山群岛最东端的居人列岛——东极岛。
经过 2 个小时左右的航程，岛屿的轮廓已依稀可见，
蔚蓝的海水如绸缎般在前方伸展、延伸，成群的海鸥
在海面上盘旋。这情景怎么如此熟悉？63 年前的往
事，在一个瘦弱、满头白发的外国老人的记忆里慢慢
复苏了。

香港沦陷 被俘失自由

查尔斯·佐敦，1918 年生于英国伦敦附近的一
个小镇。在年少时，他无论如何也预想不到自己会和
中国版图上一个毫不起眼的小岛结下一世情缘，这个
海岛的渔民给了他第 2 次生命。

经过长途跋涉，87 岁高龄的老人走路已经不是很灵活，需要人搀扶，但为了能亲口对当年救助过他和同胞的东极渔民说声"谢谢"，他不远千里地赶来了，来到梦里出现了无数次却又不愿记起的地方。梦见是因为东极渔民的善良和勇敢，忘记是因为不忍想起葬身海底的遇难同胞。

"1936 年，我入伍参军并成为一名皇家炮兵。随后，马上被派往缅甸。1937 年，随部队到香港。1941 年 12 月，日军发动了对香港的进攻，尽管我们做了顽强的抵抗，但最终，香港还是沦陷了。我和其他国籍的官兵一起被日军俘虏，失去了自由。"

由于年岁已大，老人关于战争的记忆开始模糊，当时的一些情况已经记得不是很详细和清楚，但他努力回忆着："1942 年，我和其他官兵被押上了'里斯本丸'运往日本。日本人把他们的天皇当成神一样膜拜，在船上，他们每天早上强迫我们，包括英国人、加拿大人，都要朝着天皇的方向叩头。但我们都极不情愿，敷衍了事，所以常常遭受日本人的毒打，但我们都忍住，不流泪。"

船上的日子不堪回首，老人再也不愿回忆。

不识水性 幸运得救助

1942 年 10 月 1 日凌晨，"里斯本丸"被美军潜艇"鲈鱼"号发射的鱼雷击中。船舱往下沉了，24 岁的佐敦完全不识水性，但凭借着求生的本能和意志与其他同胞一起冲出船舱，跳入大海逃生。"我不会游泳，和另外一个同胞一起紧紧抓住了海面上漂浮的一根木头，随着海浪漂。不知过了多久，我已经筋疲力尽。后来，渔民们摇着小舢板把我救上了岸。尽管我对如何逃命的记忆很模糊了，但是有一件事我记得很清楚——在渔民家里，淳朴友善的渔民煮番薯给我吃，泡绿茶给我喝，这使我恢复了体力。

"这是我被俘后第一次感觉自由了。如果没有渔民们的帮助，我根本不可能逃离日军的魔掌。所以我真心感谢那些勇敢的渔民，他们冒着被日军惩罚的危险救助我们。"

老人可能不知道，实际上，舟山渔民的义举挽救了更多的生命，因为他们制止了一桩有可能被掩盖的罪恶。英军战俘幸存者汉密尔顿中尉在他的回忆文章中说："日本人的本意是让战俘全部淹死，这样他们就可以说船是被美国人击沉的，他们没有机会实施救援。后来日军看到中国人救了如此多的战俘，才明白他们的计划不可能实现，所以改变了策略……"

回到英国 笔友成眷属

这次，佐敦作为"里斯本丸"事件幸存者之一到舟山踏访故地，伴他同行的除了大儿子亚伦·佐敦和小儿子李察·佐敦，还有与其形影不离的85岁的妻子爱芙莲·佐敦。"我们的交往开始于二战前，通过写信成为了笔友，但一直没有见面。后来，他入伍，离开了英国。直到1945年，他回到英国后，我们才见了面，那时我24岁。1946年，我们结婚了。明年就是我们结婚60周年，钻石婚。"老太太说起与丈夫的罗曼史和幸福婚姻，露出了甜蜜的笑容。婚后，佐敦夫妇共养育了 5 个孩子——3 个女儿，2 个儿子，现在共有 10 个孙子及外孙，1 个曾孙，是一个和睦的大家庭。在 2005 年 8 月 17 日举行的欢迎"里斯本丸"事件英军幸存者和亲属到舟山访问的晚宴上，佐敦先生向舟山市委、市政府赠送了一本相册，里面的相片记录了他的过往，有小孩时的天真模样、当兵时穿军装的潇洒，还有其乐融融的全家福……

他由衷地说："如果不是东极渔民的善心和勇敢，我的生命不可能继续，不可能回到英国组建家庭，那么今天也就不会存在这样一个大家庭，更不可能看到这些照片。"

尘封往事 亲人终知晓

当记者向老人的小儿子李察询问，小时候他父亲是否时常讲述他的惊险经历时，我们获得了一个出乎意料的回答："在我小时候，我父亲从未提起过他当兵和遇险得救的经历。直到 10 年前，我 35 岁，他才对我讲起了他的故事。那是我第一次听说，所以非常惊讶，日军的残忍和东极岛渔民的善良真的让我深受震撼。"

佐敦老太太告诉记者："查尔斯和我结婚后，他从未告诉过我他在船上的不幸遭遇和被东极岛渔民所救的感人故事。后来，他参加了一个类似退伍军人协会的组织。有一天我看到了他写的关于'里斯本丸'事件的一篇文章，才知道。"

正视历史 日本应认错

"日本对待所有侵略过的国家，都非常不人道。我想，当'里斯本丸'下沉的时候，日军应该救助我们，但是他们不管你是英国人、加拿大人还是哪国人，一律袖手旁观，让我们去死，残忍至极。而日本人却一直以为自己所进行的战争是对的，从未正视过自己的侵略历史。"佐敦先生说。

随着老人断断续续地回忆，船慢慢地靠上了庙子湖码头。老人曾经沉睡的记忆终将在此苏醒，在8月的东极，在曾经给予了他第2次生命的地方。

"救人要紧，阿拉就救人了"

舟山网

　　63 年前，载有 1834 名英国战俘的"里斯本丸"在舟山东极海域沉没，善良淳朴的舟山渔民自发驾驶渔船冒死捞救，结下了两国人民的生死情谊。63 年后，幸存者之一的佐敦及其家属怀着一颗感恩的心，涉洋过海千里迢迢来到中国，来到舟山，来到东极，只为亲自对当年参与救助的老渔民道一句感谢的话。

　　87 岁高龄的佐敦已经白发苍苍，他告诉记者："60 多年来一直梦到那些善良淳朴的救命恩人，希望在有生之年能重回舟山，但始终没能成行。这次的机会实在难得。"当舟山寻访幸存者的电邮联系上他时，他一颗感激的心再也按捺不住，才有了此行，以了却毕生的心愿。

耄耋老人 千里感恩

8:00　　　　　　上午 8 时，乘上轮船的佐敦老人一脸的兴奋，因为他终于可以见到阔别 60 多年的恩人了。轮船才刚刚起锚，老人就开始频频向着窗外眺望，随着东极岛越来越近，他也显得越来越"不安"。当记者告诉他当年参与救助的老渔民亲自在码头迎接时，佐敦老人神情激动起来。

10:20

上午 10 时 20 分，满载着两国人民生死情谊的船缓缓地靠在了东极岛码头边上。在陪同人员的搀扶下，佐敦老人匆匆走出了船舱。码头两边站满了欢迎的人群，岛上的孩子手举小旗，高呼着："欢迎、欢迎，热烈欢迎。"看到如此温馨的画面，老人马上就笑了起来，顾不上旅途的疲劳，上前与孩子们拥抱，仿佛满眼看到的都是自己的亲人。当佐敦先生与迎接的 7 位老渔民见面时，大家顾不上说一句话，就紧紧拥抱在了一起。那份深厚的情谊仿佛要通过彼此相交的臂膀深深地嵌入对方的体内。

两两相望 共忆当年

13:10 下午 1 时 10 分，佐敦一行与当年参与救助的老渔民代表进行座谈。佐敦老人坐在陈永华与沈阿桂等老渔民的对面，他们互望着，激动地讲起当年"里斯本丸"沉没的情形。

"那时我们全浮在冰冷的海上，风浪又很大，我是不会游泳的，我和一个战友抓住了漂在海上的一块木板，我们就这样随波漂着，人已经晕乎乎了，全然不知道方向。后来岛上的渔民救了我，拿出了他们仅有的食物——番薯，还拿出衣服给我穿，我真的很感谢他们。如果没有他们，就没有现在的我，没有我现在的家庭、我的孩子……"佐敦老人讲着讲着，声音就低沉了。

"那时天刚刚亮，阿拉做渔民的都已经爬起了，突然听到海面上一阵巨响，嘭的一声。阿拉都跑出去看了。介大一只火轮沉下去了，开头是船尾巴沉下去了，过了 1 个小时，船头也沉下去了。这时海面上漂过来许多船上的物品。阿拉就全都摇小舢板出去捞东西了。靠近货物的时候，发现咋拉还有很多人漂的。咯，当然是救人要紧，阿拉就救人了。介大一片海上浮满了一个个的人头，阿拉所有的小舢板都出动了，一趟又一趟地来回救！"陈永华老人双手比画着，说起当年捞救的场面。

"人命关天，再大也大不过人命！""人是活的人，阿拉难道眼睛看着死掉？""不管是西洋人还是东洋人，眼看着他要沉下去，那总是要去救上来的。"7位当年勇救英军战俘的老渔民争相说着，他们的脸上洋溢着理所当然的神情，朴实的回答中只有平常和自然。

"当时他们自己也根本是在挨饿，却还提供给我们食宿。"佐敦老人满怀感激地注视着面前的救命恩人。"救都救上来了，还让给冻死饿死不成？阿拉渔民就是这样的习性！"林夫云老人宽厚地笑了。

碧波万涛 悼念亡魂

14:00　　　　下午2时，大家乘船往"里斯本丸"出事海域悼念亡魂。佐敦老人立于船头，望着前方的青山碧海，神情肃穆，似是在回忆着 63 年前那悲壮而感人的一幕。"就是在那里捞起他们的。"沈阿桂老人指着前方蔚蓝的海水，对救助地点记忆犹新。

这时的佐敦老人沉默了，他手持一朵鲜花，混浊的双眼紧紧盯着水面。他似乎在念叨什么，大概是在为沉睡在这里的战友默默地祷告。随行的人们也纷纷把鲜花撒向了大海。

一枝鲜花寄托一份怀念，载着无尽沉痛与缅怀的朵朵鲜花随着海浪在碧波中浮浮沉沉，逐渐远去。咸湿的海风吹不散历史的哀伤，悠悠的海水带不走两国人民的生死友谊，沉没的"里斯本丸"见证一切。

当然是救人要紧，阿拉就救人了。

"里斯本丸"的信物

浙江在线

一把口琴，据说是去了上海。

老渔民告诉浙江在线记者，当年，青浜岛渔民张福庆的船出海救人，小船上已经坐满了英俘，但是，张福庆听到一旁的礁石上传来了音乐声，还是将船摇到礁石旁。原来有 3 名英俘在礁石上，其中 1 名正在吹口琴。他的意图很明显——希望有人能救他。后来，这名吹口琴的英俘下海，搭着张福庆的船，游上了青浜岛。

为了感谢救命之恩，这名英俘将口琴送给了张福庆。所以，青浜岛的许多渔民都知道张家曾有支特别的口琴。但是不久，因为生活实在是太艰难了，张福庆的妻子最终还是将口琴带到上海，换成了米。

今年 44 岁的刘竹定现居住在普陀区沈家门鲁家峙。他的爷爷奶奶当年在青浜岛参与了对英军战俘的营救，但都已经去世。因为台风影响，记者无法过到沈家门对岸的鲁家峙，只能通过电话联系。刘竹定对浙江在线记者说："奶奶去世时把这枚戒指给了我，戒指上刻有'JNW'和'9·375'字样。这枚戒指是当年救助过的英军战俘赠送作纪念的，奶奶一再叮嘱，将来有机会，一定要把它还给英国的朋友。"

1942年10月2日，刘竹定爷爷去海边解缆开船去捕鱼。突然从海面上传来了"轰"的一声巨响。家里人都不知道发生了什么事，吃惊地等待着。不久，就看见一艘大船拖着浓烟，慢慢往青浜岛方向开来。"我的爷爷、奶奶、大伯都在岸边看，看到大船突然就沉了下去，先是许多人像蚂蚁一样漂到了水面上，随后看见布匹等物品也漂到了海面上。这些人被救上来后，奶奶看见他们衣不遮体，就拿出家里的衣服给他们穿，又拿出毛巾给他们擦身。"后来，有3人被老乡营救出去了。临走前，其中有个人摘下了手上的戒指交到刘竹定奶奶手上，流着泪说了好长的一番话。"我奶奶听不懂，但看他们的手势，好像是说这枚戒指你要把它好好藏起来，将来好作为相认的证物。"

尘封的历史见证

《浙江日报》 谢国平、沈飞轮

在 2002 年上半年召开的舟山市第四届人大一次会议上，来自舟山市普陀区东极镇的人大代表王海刚，向大会提出了关于打捞日本沉船"里斯本丸"的议案。王海刚在议案中写道："据有关资料记载，'里斯本丸'当年满载着日军从各地劫掠来的物品和英军战俘，在途经东极青浜岛海域时被鱼雷击沉。如果打捞成功，可以建立二战纪念馆和纪念碑，以此作为爱国主义教育基地。"

该议案的提出在舟山掀起了不小的波澜，揭开了海岛人心中尘封已久的记忆。那是 1942 年 10 月 2 日清晨，青浜岛对面的海上驶来一艘悬挂着太阳旗的巨轮，当它靠近青浜岛 7 海里处时，突然发出一声震天撼海的巨响，一股巨大的水柱冲天而起。霎时，巨轮的尾部"哗"地沉入大海，头部向上翘起，巨轮上大批人和财物坠入汪洋之中。

舍命救海难是舟山渔民的传统美德。青浜岛渔民见此情景，纷纷抓起橹桨把船摇向出事地点。王阿武架着舢板穿过燕子湾，便见许多穿着蓝色救生背心的碧眼金发外国人半沉半浮而来。王阿武便使劲把他们一个个从海里拉上舢板。死里逃生的外国人面露感激之情，用手势和生硬的中国话告诉青浜岛渔民，他们是在香港抗击日寇的英国官兵，被日本人俘虏后押往日本。青浜岛渔民听到他们是打日军的，更是不管风急浪大，拼命抢救，共救起300多名英军官兵。但事后得知，"里斯本丸"上未及逃难及落水后被怒涛吞噬的罹难者达数百人。

青浜岛孤悬海岛，面积仅1.45平方千米，岛上无一分稻田，山上只种少许番薯。日寇侵华后，孤岛与外地隔绝，岛民生活极端困苦。然而，再穷也不能亏待抗日盟军。岛民将救上来的人拉到家里，端出海蜇、角螺、蛤贝等海鲜款待他们。英兵奥尼斯十分感激边德云船老大的盛情接待，将一枚自己心爱的戒指作为纪念品相赠，后来，边老大一直把它戴在手上。

过了两天，空中传来"轰隆轰隆"的声音，几架黑乌鸦般的日机飞临青浜岛上空，并向沉船的海域扔炸弹、扫机枪。到了第 4 天清早，青浜岛被四五艘日舰团团包围，黑洞洞的炮口直指着渔村。日寇端着明晃晃的刺刀，气势汹汹地踢门破屋挨户搜查，威胁不得隐藏一名英兵。他们任意吊打手无寸铁的渔民，英兵无奈被迫举手列队集中。他们被刺刀逼上日舰时，还频频回首向岛民挥手致意道别。

青浜岛渔民从怒涛里救起又重为日军俘虏的300 多名英兵到上海后，又被押赴日本本土战俘集中营。日本无条件投降后，他们才得以回到英国与亲人团聚。

1949 年 2 月 27 日，香港悼念近 2000 名战俘乘日轮"里斯本丸"丧生之惨剧，并赞扬青浜岛渔民拯救 300 多条生命的功绩。英国政府对舟山青浜岛渔民可贵的人道行动表示感谢，特由香港总督葛量洪爵士赠予青浜岛渔民一艘小火轮作为交通船。

跨越国界的生死之情是永远磨灭不了的。半个世纪后，1991 年 12 月，数百名二战时参加保卫香港战斗的英军官兵应邀抵港。来自英国肯特郡的前英国印度海军中尉法伦斯已满头白发，谈及他在舟山遇救的经历，不禁热泪盈眶，极盼与青浜岛昔日救命恩人重新叙会、畅谈旧情。岁月如梭，救助英国战俘的翁阿川等渔民陆续去世，原先桅杆尚露出海面的"里斯本丸"，也随着海潮和海底地势的变化而完全沉没，但这一段中英友谊却在东极人的心中扎下了根，至今仍有不少东极人还保存有当年英军赠予的物品。

1998 年，舟山市交通委在当地镇政府的配合下，组织人力对青浜岛的这艘沉船进行了深水勘探。根据勘探结果，认定"里斯本丸"具有打捞价值。经勘探发现，该沉船处水深 27 米，位于 30° 13'48"N，122° 45'55"E（纪录片《里斯本丸沉没》团队定位沉船地点为 30° 13'44.42"N，122° 45'31.14"E），沉船长约 116 米、宽约 18 米。王海刚说，根据探查结果，可以制订打捞的初步方案。王海刚提议，由市政府出面，通过专业打捞公司，动用 50 吨的起吊船和其他先进设备仪器进行打捞；将对打捞起来的物品登记造册入库；对一些当年救助英国官兵的老渔民提供的口述实录存档，并把当年英国官兵留下的用具和对该船打捞所得部分历史物品，以及进行水下摄像所得的资料，作为对该船进一步分析研究的重要依据，为政府今后建造二战纪念馆提供重要历史资料。

舟山市有关部门对此提案很重视，目前正进行打捞的前期研究分析准备工作。东极镇更是把此事作为加快开发海岛旅游的契机，着力挖掘该事件的政治、文化、经济内涵。东极镇号称"东海极地"，由庙子湖、青浜、黄兴、西福山4个住人岛屿组成，毗邻公海，是我国东南沿海最东端的住人岛屿。这里民风淳朴，渔家风情浓郁，岛、礁、洞等自然资源丰富，海山风光秀丽，开展旅游具有得天独厚的条件。为此，该镇有意在东极岛上建一座国际人道主义纪念碑，并把东极岛建设成一处旅游胜地。

2002年10月，在东极渔民勇救二战遇难英军、侨民60周年之际，邮政部门印发了2600多份纪念邮封，公开发行，以纪念中英两国军民的生死情谊，唤醒人们逐渐淡忘的记忆，重访"极地古战场"。该镇还成立了舟山市"里斯本丸"研究会，由史学家、部队老战士、地方老同志等有关人士组成，对"里斯本丸"事件展开深入的研究、探讨。东极镇镇政府还赴北京召开舟山东极渔民勇救二战遇难英军、侨民60周年研讨会，邀请在京著名学者、专家进行座谈，揭开这段历史的真相，告慰长眠东极海底的遇难者英魂。在东极镇镇政府的牵线搭桥下，当地还成立了舟山"里斯本丸"海洋文化公司，负责对此事的策划和营销。

目前，"里斯本丸"事件已被改编成电影剧本，有关电影制片厂正积极与东极镇联系洽谈，准备把此事拍成《泰坦尼克号》的姐妹篇，再现那段悲壮的历史。东极镇党委书记、镇长蒋善定说："沉没的'里斯本丸'是座历史纪念库，对这个与我们近在咫尺的历史事件发生地，我们一定要保护好、开发好、使用好。"

19 岁的沈阿桂救了 7 个英国人

浙江在线 李敏

　　浙江在线记者赶在台风"麦莎"来临之前踏访了浙江舟山最东端、中街山列岛的东极乡。在寻访中，记者试图从参加过当年营救行动的健在渔民口中去最大程度地还原这段海风也吹不走的历史。

　　从沈家门乘轮渡 4 个小时，记者首先径直来到了青浜岛，一个属于舟山市普陀区东极镇管辖的岛屿。记者差点因为晕船错过该岛，幸亏好心的船长掉头，并唤来青浜岛一位渔民的船载记者靠岸。当记者向渔民打听去沈阿桂家的路时，"又是来采访的吧，喏，往山上走，跟着路一直下到一村。风大，您当心点。"年轻的渔夫说起比较流畅的普通话。

　　步行 40 分钟，通过不下 4 位渔民的指点，记者来到了沈阿桂家。两层砖瓦房间里就住着他和老伴。1962 年，他们一家住进这里。沈阿桂今年 82 岁，60 多岁还在做船老大的他身子骨看上去很硬朗。这位老人，讲述起过去，总是手舞足蹈，声情并茂。由于方言不便沟通的关系，几次他都停下讲述，给记者一笔一画地写出来。

"阿拉全村基本上都去救人了，阿拉那年才19岁，没瞅过外国人，话也听不懂，当时也没有多想，就上船去救，救人要紧，总不能眼看他们被海浪冲走哇。"沈阿桂描述，当时去了30艘船，英国人大多是1.7米以上的个头，衣服破烂，有的只穿着短裤，拼命地在海上挣扎。"阿爹、阿伯和我去救人的船，有个破洞，渗水，只好一边舀水，一边救人。阿拉救了7个英国人。"救上来以后，岛上陡增这么多人，大家只好把英军安排在家里、寺庙和巷间。原来安置英军的庙宇，现在已经变成了当地的老年人活动中心。

年迈的沈阿桂顶着强日照，带着记者来到了二村的陈永华家里。青浜岛因地势自下而上自然分为一村、二村、三村、四村。陈永华，78岁，当年才15岁的他，目睹并参与了营救的全过程。他指向大海，对记者说，那时候的青浜都是草房，没有砖瓦房子，大家都很穷，房子建得也很矮，往码头岸边一看，就能清楚地看到海上的情况。他与沈阿桂老人陪记者来到当年英军战俘被救上岸的地方，两位老人望着大海，突然沉默了。

现在，在青浜岛，还有一位健在的老婆婆，她叫王娇云，88岁，是当年营救发起人之一唐如良的妻子。对于过去，她摆摆手，不知道是记忆逐渐模糊了，还是不愿意多说，只道："当年全村人救人，那是应该的，是积德。"她记忆最深的画面就是把烤熟的地瓜送到落难的英国人手中。地瓜是当时全村最好的主食。老婆婆耳背，但喜好抽烟。旁边的老乡对记者说，她的丈夫在新中国成立前去了台湾，再也没有回来过。

从青浜岛返回，记者搭乘了老乡家可以避台风的渔船。沈阿桂坚持把记者送上了船。颠簸的海浪把船摇得大起大伏，一抹阳光下来，生平第一次出海坐渔船的记者看着几位汉子稳立风浪操作着柴油船的古铜色背影，仿佛又看见了当年他们的前辈摇橹出海救人的身影。

舟山老渔民访问香港

《舟山日报》

从香港特别行政区眺望，维多利亚港显得格外静谧。1942 年，日本邮轮"里斯本丸"装载着 1834 名英军战俘，从深水埗集中营启航，5 天后驶抵舟山海域附近。由于它未悬挂运载战俘的标志，被美国潜艇"鲈鱼"号发射的鱼雷击中。在生死存亡之际，舟山东极渔民冒着被日军发现的危险，毅然前往营救。

2005 年 6 月 16 日下午 4 时许，从宁波飞往香港的飞机徐徐降落在香港国际机场。当年亲手营救过英军战俘的东极老渔民沈阿桂、林夫云、陈永华、王宝荣、吴兰芳，由舟山市"里斯本丸"沉船历史事件研究会组织，应第二次世界大战退役军人会的邀请，来到香港进行访问。

从舟山到香港，足足有 1000 多千米的路程，不过飞机的飞行时间只需半天；然而，"里斯本丸"上的遇难英军官兵，已经在海下长眠了 63 年。在为期

5 天的访问行程中，访问团成员用亲身经历和相关历史资料告诉人们，在舟山东极岛，曾发生过惊心动魄的历史事件，这是舟山乃至全中国人民国际主义和人道主义精神的真实体现。

6 月 16 日晚，第二次世界大战退役军人会在香港中华游乐会举行隆重仪式，欢迎访问团一行抵港访问。爱国港商霍英东先生亲自赶来接见，高度评价舟山渔民的壮举。香港二战退役军人会会长郑治平先生及香港英国商会行政董事夏伟邦准将和访问团进行了友好交流，并向老渔民等访问团成员赠予了纪念品。香港潜水总会对前往东极水下探索表示了浓厚兴趣。当日还有曾参加过二战的香港老兵在场，表达了对东极老渔民崇高的敬意和真挚的谢意。

6 月 17 日，访问团一行前往位于香港深水埗的集中营旧址参观。这个当年囚禁了上千名英国战俘的集中营，现在已是一个鸟语花香、树木青葱的公园，令人难以想象这里曾发生过那样的往事。接着一行人前往西湾军人坟场敬送花圈，悼念二战时期阵亡的盟军将士。

　　6月17日下午，"舟山渔民二战勇救英军暨'里斯本丸'全球首度探索之旅"记者招待会在世纪香港酒店举行，香港影星吕颂贤、宣萱、麦景婷、郭峰专程前来助阵。当天晚上和次日上午，新华社香港特别行政区分社、《文汇报》、亚洲电视、环球视野等20余家媒体，报道了访问团一行到港访问和东极岛渔民营救"里斯本丸"上的英军将士的经过，引起了社会各界的广泛关注。6月18日至20日，访问团一行继续在香港进行访问，并与《里斯本丸沉没》的作者托尼·班纳姆会面，商谈有关事宜。20日中午，访问团一行圆满结束在香港的访问返回舟山。

东极岛老渔民访问团轰动香港

《舟山日报》 陈亚芳

2005 年 6 月 16 日下午抵港的二战时期勇救英军战俘的舟山东极岛老渔民访问团，连日来受到了香港特别行政区各界人士的热烈欢迎，并成为香港 20 余家媒体追逐的对象。

霍英东："你们老渔民了不起！"

全国政协副主席霍英东在得知陈永华、沈阿桂等 5 位东极岛老渔民到港访问的消息后，不顾年事已高，于 16 日晚在中华游乐会亲切接见了他们，并称赞他们做了一件了不起的大好事，值得好好宣传，要让全世界人民都知道舟山渔民的人道主义精神。

深水埗集中营前忆往事

17 日上午，5 位东极岛老渔民和香港二战退役军人会的有关成员，一同来到曾关押过"里斯本丸"

沉船事件遇难者的香港深水埗集中营遗址。当年就是在那里，1834名英军战俘被押上"里斯本丸"运往日本，却想不到由此踏上了一条不归路。要不是舟山东极渔民的义举，他们将全部葬身海底。如今，当年的集中营旧址上只保留了3根刻有"军地界"的石柱，其余改建成了公园和游泳池。只有公园里的树木见证了日军在此的暴行。

影视明星追渔民英雄

吕颂贤、宣萱、麦景婷、郭峰，这些平时都是作为别人追逐对象的明星，在17日下午召开的"舟山渔民二战勇救英军暨'里斯本丸'全球首度探索之旅"记者招待会上，不仅争先向老渔民献鲜花，更是纷纷抢着与老渔民合影留念。

吕颂贤曾在香港版《笑傲江湖》中扮演过大侠令狐冲，这天他是"武侠英雄"碰到了真英雄。明星宣萱在接受记者采访时说，这是一件非常有意义的事，自己能亲身参加与历史有关的活动，这还是平生第一次。

第三章

和平的声音

行山 ①

《舟山日报》陈亚芳、倪立刚

2005年8月17日，一群香港中学生随"里斯本丸"英军幸存者和亲属同访东极岛。他们说，这是一次生动的教育。

在"里斯本丸"英军幸存者和亲属访问团一行人中，这群香港中学生，处于豆蔻年华的他们，甚是活跃。对于这些孩子来说，从小生长在繁华的香港，一片太平，战争是一个陌生而遥远的名词。但为了让这些孩子记住曾有过的耻辱，珍惜现在的美好生活，沈健先生牵线搭桥，组织这些中学生来到舟山，寻访东极岛渔民的救人事迹，感受日军的暴行。

17岁的周昭欣，是香港真光中学中五（内地称高二）学生，长得白白净净，穿着粉色T恤和牛仔裤，显得十分清爽，说起话来细声细气。站在她身边，

---

① 本章节媒体报道和香港学生的记录均写于2005年。

戴着牙套的何宝宜，和她同岁，来自同一所学校同一年级。"我们参加了一个'见证历史'的活动，主要是去在第二次世界大战中遭受日本侵略的地方。这次是我们第一次到舟山，东极岛渔民救助英军的行为，让我们很感动，能到'里斯本丸'沉船的地方向渔民表达敬意，非常有意义。"何宝宜告诉记者。

在船开往"里斯本丸"沉船海域的时候，没有经受过大风浪的学生们，有些晕船了。但向遇难者敬献鲜花时，他们一个个都格外严肃、认真。

沈健先生说："重温历史，教育孩子，不能仅局限在教科书里，而应让孩子们亲身体验，这样更为生动，更为深刻。"

"香港青年奖励计划里，有个行山的要求，就是让我们走遍香港的所有山，沿着当年日军进攻香港的路线重走一遍。"

把"和平"的讯息传下去

自从 2005 年 2 月开始，我便与佐敦先生一家，以及玛莲·海伦·当劳、苏菲亚·安妮·霍莉（英军遇难者侄女）姐妹用电话和电邮联络。他们给我的第一个感觉是很平易近人，因为我是以一个在英国读书的普通学生身份与他们接触的，但是自始至终他们对我都表示出信任的态度，这令我觉得非常高兴。与一个素未谋面的陌生外国人沟通，还要千里迢迢来到中国——一个曾经认识但依旧陌生的国度，我不得不佩服他们的勇气。

不过现在回想起来，这次佐敦先生一家及当劳姐妹的中国之行，对他们的意义想必很深远。试想，60 多年前发生在东极岛的"里斯本丸"沉船事件，佐敦先生如果得不到当地渔民的救助，很可能就遇难了。而当劳姐妹的两个叔叔，已不幸随着沉船永远留在中国水域里。我想他们在 60 多年后的今天旧地重游，心情必定极为复杂。

　　8月17日上午，佐敦先生一行终于到达宁波机场。下机的时候，我看见佐敦先生步履并不轻松，心里也有点替他紧张。说实在的，自己当时心情也有点儿沉重，感到一种无形的压力。我心想，要是这次旅程勾起他们很多不愉快的回忆，让他们再伤心难过一次，那该怎么办？又或者他们不满意行程上的安排，我应该如何？是内疚、是歉意……

　　但从宁波机场开往舟山市的途中，我看到老佐敦先生不停望着窗外，用一种活像小孩子到了游乐场的喜悦目光，浏览周边的景致。我心情也放松起来。此行是他们第一次实实在在地踏在中国的土地上，对于老佐敦先生来说，是他第一次亲历一个和平的中国，在他保留了60年的记忆当中，中国充满战场上的硝烟。

　　2005年是中国人民抗日战争暨世界反法西斯战争胜利60周年，老佐敦先生一家及当劳姐妹，出发前也在香港出席了多个有关抗战胜利的纪念活动，包括到香港中环和平纪念碑献花，到中央图书馆出席展览活动等。连日来很多香港媒体都访问了佐敦先生，这想必也给了他们一个心理准备，因为到达舟山市后他们也必定成为当地媒体采访的对象。

当我们一行人抵达舟山市以后，接二连三的工作正式开始了。工作量之繁重令我吃了一惊，因为出发前并没有预料到媒体朋友反应如此热烈。

一开始，我对老佐敦先生有一种很直觉的想法，以为他会向媒体表达旅途上的劳累，抱怨自己承受的痛苦经历。但老佐敦先生千里迢迢远道而来，是要表达一种感激，一种存放在心里 60 多年的感激。我在翻译过程中的感受是他非常感激舟山老渔民 60 多年前为他和幸存的战友所做的一切。

我们抵达舟山，正是炎炎夏日的 8 月天，天气炎热，亦是台风肆虐的季节。早前 2 个星期正是台风"麦莎"正面吹袭浙江省沿岸之时。东极岛面向太平洋，岛上的房屋及道路均有损毁，所以出发前我们也很担心当地的天气情况。不过今天是东极岛一个很重要的日子，无论是老佐敦一家及当劳姐妹、当年拯救盟军战俘的老渔民、舟山市广大市民、来自全国各地的媒体，还是葬身大海的亡灵，都期盼了 63 年。这份重逢实在是相隔太久了。

世事的确有很多巧合，2005 年的 8 月 18 日是农历的七月十四日，临近中国传统的"鬼节"。不过这时海上却异常地风平浪静，阳光璀璨，稍带凉意的轻风吹来，使人觉得这是个绝佳的海上旅游地。听岛上的渔民说起，东极岛像这样美好的天气，一年也不到20 天。

到达东极岛时，岸上的渔民敲锣打鼓，夹道欢迎远方而来的客人。为了照顾这些上了年纪的长者，欢迎的仪式简单而隆重。少先队员为老佐敦先生、当劳姐妹、香港老兵王志汉先生送上鲜花，镇长王洪波先生致了欢迎词，接着是与当年的老渔民会面。岁月无情，很多当事人已永远离开，留下来的已是白发苍苍的老人家了。应该道谢、感激的事情太多了，老佐敦先生在和几位健在的老渔民逐一握手后，又和每个人紧紧拥抱起来。这个充满温情的拥抱，已经胜过了千言万语。而 80 多岁的中国老渔民，不免显得有点儿不知所措。不过在此时此地，对于拥有不同文化、语言、肤色，但却存有相同记忆的老人家来说，拥抱是最好的表达方式。

离开东极岛，老佐敦先生有说不出的快慰。这也许是因为东极岛渔民的热情款待，让他再次想起当年渔民煮番薯和米汤给饥饿的战友们吃的场景。轮船徐徐离开东极岛，驶往"里斯本丸"遇难的水面，那里有为死难者进行水上献花的仪式。老佐敦先生默默站在船尾旁边，轻吻着手中的红色鲜花，默默地祝祷，好像是给曾经共患难的战友带来了相隔 63 年的祝福。老佐敦先生徐徐把鲜花抛在水面上，接着是当劳姐妹，她们特意从英国带来了一面苏格兰的旗帜，送给在船上遇难的苏格兰军团战士，其中有两位是她们的叔父。其他船上的人员及一班我们香港的年轻朋友都见证了这一刻。我们纷纷拿着手中花朵抛入海中，为这些永留在中国的异乡人送上句句祝福。

船要返航了，海面上依然风平浪静，狭小的轮渡上，除了轮机发出轰隆声外，一切显得平静。老佐敦先生，一个87岁的老年人，经历了残酷的战争年代，经历了生离死别，经历了人类最无私的英勇时刻，脸上的皱纹，记载着往昔遇过的风浪。他垂下头来，流下了眼泪。此刻，我不清楚老佐敦先生的心情如何，是为庆幸自己获救而泣还是为死难战友而落泪。他的小儿子李察温柔地拥抱着父亲，轻轻地抚着父亲的背部，就像年少时他父亲拥抱着他一样。佐敦先生有这样有孝心的儿子，使我觉得亲情是无分种族国界的，"檐前滴水，点滴不差"，你付出了多少，便可收获多少。

老佐敦先生说他战后便回国与等他数年的女友结婚，现在已有5个子女，10个孙子及外孙，子女都成才，能为社会作贡献。他之所以能够有今日这样一个美好幸福的家庭，全靠英勇的舟山渔民拯救了他，要不然一切只成泡影。如果当年没有战争，"里斯本丸"上的同袍或者是战争中无论敌我双方的死者，亦可以与他一样建立起一个幸福的家庭，过着幸福的生活。

整个旅程只有短短 4 天时间，我却体会到人类至高无上的情操。在送别佐敦先生及当劳姐妹的途中，佐敦先生的两个儿子表示，这次行程最大的收获不只是让父亲能够完全解开埋在心坎中 63 年的郁结，为他的战友带来了追思及祝福，更是把他们父亲曲折的经历和中国人民的善心讲给下一代听，为中英两国人民的友谊继续作贡献。亚伦向我说，希望我们这次见证这个历史事件的香港青少年朋友，把"和平"这个讯息带给所有人，提醒新一代的年轻人要珍惜和平，不从 60 多年前的苦难经历中吸取教训，这次舟山之行也是徒然。

在这次行程中，我充当了佐敦先生的翻译。虽然我是在英国念语言系，但翻译的工作还是很外行，尤其是普通话翻译效果不尽如人意，更想不到有这么多的媒体进行采访，所以完成佐敦先生的探访行程后，我简直如释重负。不过我也有点自责，其实可以做得更好。在探访结束前的饯别晚餐过后，回到酒店时，佐敦先生一家走到我身旁，逐一跟我握手和合照，并亲切地说："这次旅程没有你根本办不到。"这算是我对社会的一点贡献吧！

陈尚言

东极岛像这样美好的天气，一年也不到20天。

历史，永远是最公正的

"里斯本丸"事件很特别。日军在香港掳走了英军，船只在中国的水域被美国的潜艇击沉，然后被东极的渔民救起。在这个对二战战局影响不算大的事件中，竟牵涉 4 个不同的国家，是当时罕见的事件。但是这个事件并未受到重视，渐渐地被世人遗忘。也许是因为在现代战争编年史中，有比之更惨烈的牺牲吧。但很明显，在"里斯本丸"沉船事件中，这是不必要的牺牲。本可获救的战俘，由于日军的残暴行为导致近千名官兵丧生，这是泯灭人性的日军对生命的漠视。"里斯本丸"事件是一个被人渐渐遗忘的事件。即使我是一个修读历史的学生，在历史科的课程里老师也没有提及这段似大不大、似小不小的历史，可能是连老师也不知道这个事件吧。

这次，我因为参与香港青年奖励计划金章级考核，参加了这次"寻找东极——'里斯本丸'事件探索"活动，这成为一个带给我巨大启发和反思的事件。在出发往舟山的前一天，我已经和"里斯本丸"事件幸存者查尔斯·佐敦一家及玛莲、苏菲亚两姐妹见过面。那天我陪伴他们到深水埗参观，佐敦一家人和玛莲、苏菲亚两姐妹给我的印象相当好呢！虽然他们已不再年轻，佐敦先生已经 80 多岁，可是看他走来走去看东西像小孩子一般，说话也很风趣幽默，常常和我们开玩笑，完全没有老人家的严肃。当时我并没有感受到佐敦先生背后的辛酸。

我到达舟山的第 1 天还是抱着一个游玩的心态，可是到第 2 天去东极岛的时候想法却完全扭转了，相信同行的人都认同这天为印象最深刻的一天。身披清明雨幕，脚踏东海碧波，我们登上第一缕曙光照临的东极岛，倾听渔民舍身勇救英俘的感人故事，凭吊葬身海底的数百名英俘亡灵。

"船头犁开万顷碧波，船尾抛起万朵梨花。"在东极镇和舟山市有关领导的陪同下，我们到达东极岛，出席当地的欢迎会。在去东极岛的船途上，佐敦先生不断地接受媒体的访问，一遍又一遍。我看见佐敦先生开始感到疲倦之余，对于再次踏足这个给予他第 2 次生命的地方，也感到越来越不安。

到了东极岛，我们受到当地人民的热烈欢迎，开始感受到当年英军受到舟山渔民热情招待时的感动。这时我看到佐敦先生正忘情地紧紧拥着当年救人的东极岛渔民，可想而知他内心是多么激动。重遇到当年的救命恩人，虽然言语不通，可是一个简单的动作，其实已胜过千言万语。佐敦先生当年的记忆："里斯本丸"下沉时的彷徨、被救起时的感激、看到东极岛渔民奉献时的感动，一时之间涌上心头。他的百感交集，即使是远在一旁观看的我也感受得到。

在东极岛吃过饭后，佐敦先生他们参加当地的欢迎会，我们一班同学在东极岛到处游览，让我对东极岛这个地方体会更多。东极岛渔民对任何事都表现得很热情，他们淳朴，富有浓厚的渔村乡土气息。他们做事很投入，为自己的生活感到自豪。我特别讶异于其油画艺术发展之成熟，这是他们对生活热爱的表达。而他们对沉船人员不分种族都施与援手的态度，令我不禁敬佩。在战争环境下，舟山渔民自己的生活都是一个问题，他们对自己的未来都充满着迷茫，却选择了救人。他们宁愿不要海上漂浮的"洋货"，也要拯救人的生命；他们宁愿自己饿着肚子，也要让盟军战俘吃饱；他们自己穿不上衣服还要给盟军战俘衣服御寒；他们知道自己生命的可贵，但依然敢用生命保护与自己毫不相干的盟军战俘。这是舟山人的美德、内心深处所蕴含的善。

虽然事后舟山渔民多次拒绝了奖金和表扬，他们已经淡忘了自己的英雄行为，只想过平淡而操劳的生活，但历史不应该忘记他们。他们的无私精神，即使在今天仍然存活在每个舟山人的心中。他们对我们毫不造作的热情，令我深深地感受到当年英军受到舟山渔民热情招待时的感动，那是他乡遇故知的感叹。"锦上添花易，雪中送炭难"，这不仅是对舟山市民的赞美，更是我们要学习的地方。

离开东极岛，我们越来越接近"里斯本丸"沉船处，30°13'44.42"N，122°45'31.14"E。这个坐标的四周都是一片茫茫大海，可是当船缓缓停止，我们感觉到当年"里斯本丸"事件再一次重现眼前：船舱被击中，英俘惊慌失措，"里斯本丸"慢慢地下沉，英俘的心也随之慢慢冰冷。63 年前在这一片汪洋大海中上演的事，此刻也在佐敦先生的脑海中重演。

那天是 2005 年阳历 8 月 18 日，阴历七月十四日，临近中元节。舟山市希望借这一天，好好地祭悼当年葬身海底的 843 个英国亡灵。由佐敦先生一家，玛莲、苏菲亚两姐妹和我们一班青年献花。佐敦先生在献花后，再也禁不住内心的悲恸，不住地落下泪来。我献花的时候，除了祈祷他们能够有真正的安息，也不禁慨叹：如果当年日军没有封闭船舱甚至射杀英军战俘的话，那么世上也许会多 800 多个像佐敦先生一样幸福的家庭。日军当年的举动无疑是灭绝人性的行为，也令我对日本军国主义更加痛恨。

这次东极之旅令我明白，原来我知道的只是第二次世界大战历史的一鳞半爪，这次的经历令我的心震荡不已。我们要了解真实的历史，要知道和平的珍贵，进行心灵上的反思，以史为鉴，明白为何日本到现在仍然执迷不悟，不惜篡改历史仍要推行麻痹人心的教育。但是历史，永远是最公正的，因为它不会说谎；大众会知道的，因为公道自在人心。正如我在香港海防博物馆看到的劳伦斯·比尼恩（Lurence Binyon）的一段诗句，令我良久不能忘怀："他们将永远年轻，剩下我们不断老去，年龄不能使他们疲累，岁月也不能谴责他们。每当太阳落下和清晨来临，我们将会怀念他们。"

同时我也希望广大的市民知道这些事迹，不单是长者可以缅怀往事，年轻人也应该多了解一些当年的历史事件，以史为鉴，对现世的事物有更深一层的认知，"正确客观地分析这一段历史，也就更加珍惜这段历史"。希望这些事件不要随时间流逝，希望世人可以知道这些史事，让我们在纪念抗战胜利 60 周年之际，向和平致敬。

秦瑞雯

船头犁开万顷碧波，

船尾抛起万朵梨花。

哪怕是渺小的力量

在这几天的行程中，我们与老兵佐敦一家、当劳姐妹相处了一段时间，从他们的口中得知了一些二战时的事情及他们的感受。尤是在到达东极岛时，我感到自己更接近历史，那是一种很难言传的感觉。

我最早看到佐敦先生时，已经很感动，因为佐敦先生年事已高，他仍然从英国远赴中国的东极岛，目的是看看当年救他的渔民及感谢他们。看到佐敦先生的热诚，我真的很感动，加上他的妻子及两个儿子也一起同行，可见他们一家是多么的团结、齐心及温馨。当劳姐妹两人虽然未曾亲身经历二战，可是她们听到叔叔的事迹，也很想与叔叔说声再见，而且她们更想把这一件事说给下一代听，希望下一代知道战争带来的祸害。

在这几天中我们每天的行程都有很多的记者来采访，而且接待也是很好的，可见这件事的重要性。我庆幸自己有机会参与这一次的活动，这促使我自己寻找一些关于二战的资料及书籍，也有机会直接与佐敦先生及王志汉先生两位老兵谈谈当时二战的情况。和佐敦先生一样，王志汉先生是二战时期驻守香港的炮兵之一，隶属英军皇家炮兵团。他说了很多当时日军入侵香港的实况及日军对待平民的情况。虽然这些资料可以从书中找到，可是当我听到当事人王志汉先生现身说法时，那种震撼是不能从书中感受到的。

第2日是我感受最深的一天，因为在这一天我们去到了整个旅程的重点——东极岛。东极岛，顾名思义是中国最东面的一个小岛。我们一早便乘船前往目的地。在船上的几小时里，我们与佐敦一家及当劳姐妹谈了很久。和他们交谈时，我感觉到他们的亲切，因为他们会与我们谈天说地，甚至连他们的私事也与我们分享，仿佛我们是认识了很久的朋友一样，不会有任何的避忌。他们也与我们谈及对二战的看法。他们此行除了为陪同佐敦先生，也是为了拍摄整个活动，回到家乡给下一代了解。

我很同意他们的想法。二战发生的时候，我还没有出生，我对二战知之甚少。尤其是现在世界和平，人们很少频繁谈及战争。可是，正因为我们要捍卫和平，我认为更要向年轻一代讲述二战的起因及后果，这才能让我们这一代了解和平的重要、可贵。即使我的力量再渺小也会尽力保护和平。

在船上，我们也与当时参与营救的其中一位渔民聊天。他说他们当时看到被击沉的"里斯本丸"，想也没想便到海中救人。他们当时只是靠人力摇橹去营救他们，最后营救了300多人，他们甚至帮3位军官逃过日军的追捕。他们与"里斯本丸"的军人是全不认识的，加上他们当时的营救工具很简陋，但他们仍不顾后果去帮助沉船的受难者，这让我真的觉得很感动。而且他们说他们救人不是为了什么好处，只是出于真心，这一点弥足珍贵。即使到了现在，我在东极岛上，仍能感受到渔民的淳朴及真诚。

到了东极岛，那里的渔民热情接待我们，他们很看重这次佐敦先生的到访。在接待会上，我看到佐敦先生与当年拯救他的渔民相拥时，佐敦先生脸上的笑容是那么的灿烂、真诚。我在旁边也能感受到佐敦先生的喜悦和感激的心情。言语不通、国籍不同也没关系，只要是透过真心的交流，就能传达出最真诚、深切的感谢。

到了下午，我们一行人坐船到了"里斯本丸"沉没的地点，向罹难者献花。当佐敦先生献花后，他落泪了。我觉得他的泪水包含了悲伤、怀念。他把心意由鲜花传给当时同乘"里斯本丸"的战友，这一幕我怎么也不能忘记。

当劳姐妹也参与献花。她们从未见过参与二战的叔叔，但她们听到了"里斯本丸"事件后，也想到这里感受一下历史，以及和她们的叔叔道别。而我经过这一次的行程，对二战的认识愈来愈深，我相信这是一个机遇。但我在想，如果我没有参与这次活动，我也不会主动地去了解二战。这让我想到，我们年轻一代可曾想过上一两代的事件呢？二战结束不过 60 年，但我们竟然对它没有足够的认识。即使我们知道了二战的历史，又是否会如当劳姐妹一般那么积极去深入了解呢？这一点让我感到惭愧。

最后，我们一行青年人也向海中献花。当我把手中的花抛入海中时，脑海中浮现出在书中看过的历史，感受到我们现在身处的和平时代是多么宝贵。我们必须要珍惜现在的一切，不要重蹈覆辙。这一个献花的仪式，真的让我感受良多，也是我此行印象最深的一幕。

之后的行程中我们也与佐敦一家、当劳姐妹和王志汉先生相处了好久。从他们的身上我学到了很多东西，不单是二战的知识，还有其他的历史、待人接物的方式等。因此，我很开心自己能参与这次活动，让自己开阔了眼界，更重要的是明白了战争带来的后果及和平的可贵。

吴瑞熙

即使我的力量再渺小
也会尽力保护和平。

最好的他们

最初我们是在香港参加"香港战场三日两夜考察"时得知这起事件的，但认识都是表面的。后来参加了东极之旅，我才亲身体会到这起历史事件的深刻影响。在这次旅程中，有几个人物是令我印象最深刻、感受最深的。

第一是佐敦先生。佐敦先生给我的印象是一个十分亲切的老人家，他脸上常挂着慈祥的笑容。最初我真的不明白这次"里斯本丸"沉船事件对他的影响究竟有多大，直至我们到"里斯本丸"沉船处献花的那天。那天的佐敦先生与平常不一样，他变得比之前沉重，可能是因为再一次回想起当时发生的事、回想起自己的战友。我记得佐敦先生献花后，他忍不住落泪了。我在远处望着他，我想他哭的原因一方面是对于死去的战友的怀念，另一方面是为着自己的幸运而感动落泪。我想这次战争必定是令佐敦夫妇如此恩爱的其中一个原因。在东极之旅这几天的行程中，佐敦先生对太太可谓无微不至。无论到哪里，佐敦先生都会牵着太太的手；当他到别处接受完访问，他会第一时间找找妻子在哪儿。我还清楚地记得，在前往东极岛时，佐敦先生在我们众人面前给了佐敦太太深情的一吻。我相信这一吻除了包含爱以外，还有对妻子的感激。对我而言，战争是很残酷及无情的，因为战争令很多家庭破碎，但同时，战争也教育我们去珍惜身边的人和事，珍惜和平的生活。也许佐敦先生因为经历过战争，所以更懂得珍惜身边的一切。

第二是东极岛渔民。在当时，如果不是这些渔民从海中救回英军，可能就不会有这次的旅程。虽然他们并未受过很多的教育，一直以来都是生活在这一个小岛上，但当他们看见海上漂浮的生命时，会不顾一切地把他们救起。记得在东极岛上，我看见佐敦先生与当年救他的渔民相拥的一刻，我可以深深感受到佐敦先生对渔民的感激，因为假如没有这些渔民，佐敦先生早已不在人世。正因为这些渔民无私的拯救，佐敦先生不但没有死去，现在还拥有一个幸福美满的家庭。我觉得渔民无私的精神很值得我们去学习，因为假若任何人都只顾自己的话，世界将会变得没有人情味，人与人之间也会越来越冷漠。当我踏足东极岛时，岛上的人非常热烈地欢迎我们，给我们最好的招待、最好的食物。他们给我做了一个榜样，如果将来东极岛的人来香港，我也会以最好的方式招待他们。

当劳姐妹虽然不是老兵，但她们也使我感触良多。在船上我们曾问过她们，是什么原因驱动她们即使长途跋涉都一定要来到这里，她们说因为她们的叔叔是在这次战争中身亡的，她们一方面希望来到这里为叔叔以及其他壮烈牺牲的军人献花，另一方面希望对沉船事件有更多的认识。她们的行为令我很佩服。

这次旅程，是我第一次亲身感受历史、感受这场战争。战争真的很可怕，带来的祸害实在太多了。我会更懂得珍惜现在的和平、现有的一切。如果有机会的话，我真希望可以在纪念中国人民抗日战争暨世界反法西斯战争胜利 70 周年时再来到这里。10 年后的我，对这个事件可能会有更深的体会。

潘葆琪

如果将来东极岛的
人来香港，我也会
以最好的方式招待
他们。

从未如此这般过

从踏上那艘前往东极岛的轮船开始，我兴奋的心情实在难以形容，纵使知道要乘坐大概 6 小时的船来往，但疲惫依旧抵挡不住激动。我还记得当时心里不断在想那里会有什么不同的地方，那儿的环境、居民的生活习惯又是怎样的……一大堆问题即时涌现，现在回想起来真是可笑。

由于带领我们的沈导师此前已跟我们说了一些关于当地的资料背景，所以大家都已经做好心理准备去迎接陌生的环境。在船上，通过采访各船员及当时经历了战火洗礼的渔民，我们加深了对东极岛附近水域一带环境的认识，也更清楚当时渔民们带老兵逃去安全的地方，从而避开日军的搜捕等等事迹。这些都令我们了解到当时的急切性。听着渔民对我们形容当时的情景，我们真的感同身受，真叫人心痛！我们也采访了佐敦夫妇、他们的儿子及当劳姐妹，他们也分别说出了自己的感受。当中最令人印象深刻的是佐敦夫妇所表现出来的爱，除了他们非常恩爱之外，他们爱儿子，爱朋友，连我们这些无关痛痒的人也爱，也表现得那么热情。

当我们到达目的地后，真的是从未如此这般过，从未有那么多人夹道欢迎我们。原来全村的村民都做了可能是他们第一次的欢迎仪式，而且第一次经历有那么多人到他们的岛上；更有甚者他们说从来没有这么近地看过香港人，只有在电视上看过，原来香港人是这样的。哈哈，他们是多么可爱呀！

在岛上，简单而隆重的欢迎仪式过后，我们吃过一顿全海鲜宴，便开始去了解东极岛上的事物。沿途的村民都是用好奇的目光看着我们。观光过后，我们怀着不舍的心情离开东极岛。起初我们是计划在岛上逗留一晚的，可惜之前的台风正正吹向这个岛，导致我们不能留下来住宿一晚。基于安全考虑，我们不得不改变我们的计划了。回程途中，我们一大伙人一起到"里斯本丸"沉船海域去祭奠遇难者。我看见佐敦先生拿起鲜花，轻吻了一下后，沉思了一会儿便把它抛出去了。随后他走到一旁，泪洒当场。他的儿子赶上前去安慰他，那一刻真的令人心酸。另一边，当劳姐妹准备了自制的苏格兰旗来祭奠她们的叔叔，连同鲜花一起抛向大海。最后，大家都分别上前拿起鲜花，默哀，再分批向大海抛出。

对我们这些从未亲历过战争和辛苦的一代来说，总觉得现在的生活没什么特别的，甚至不懂得珍惜幸福，任意挥霍。可是，当你到那沉船海域上去祭悼，再看见当时人的反应，你也会不禁想哭起来。在事发 63 年后，只身重回昔日与手足同生共死的战地，回忆起那令人不寒而栗的战争，那是多么的心痛。如今只有自己仍存活于世，纵使有家人陪同，那场战争所带来的伤、所带来的后遗症，又会有多少人能明白个中辛酸呢？所以，这次东极之行令我学会要珍惜现在，展望未来，也从佐敦先生及渔民身上学会要"活在当下"。

邓颖瑜

从未如此这般过。

附录

"鲈鱼"号简介

排水量（水面）	1870 吨
排水量（水下）	2424 吨
全长	93.5 米
艇高	8.2 米
艇宽	5.8 米
动力	4 个柴油发动机；2 组电力推进器；2 × 126 组蓄电池
功率	5400 匹马力，4026.78 千瓦
螺旋桨	2 只
航速	水面：20.25 节；水下：8.75 节
续航力	17,710 千米（航速 10 节）；48 小时（水下 2 节）

下潜深度	90 米
武器	10 个 533 毫米鱼雷发射管；24 枚 MK—14 鱼雷

"鲈鱼"号潜艇为美国海军小鲨级传统动力潜艇中第 3 号艇，于 1940 年 12 月在康涅狄格州格罗顿（Groton,Connecticut）的电气船舶公司敷设龙骨动工，1941 年 10 月下水，并在翌年由美国海军在附近的新伦敦海军基地接收服役。首任指挥官为杜克（C. E. Duke）少校。"鲈鱼"号服役后便从伦敦远赴位于太平洋的夏威夷珍珠港海军基地，加入太平洋潜艇部队。

在 1942 年 6 月初的中途岛战役中，"鲈鱼"号本身没有直接参战，只在巡航时发现被美军重创的日军航空母舰，但因为缺乏支援，并没有发动攻击。当时，由于蓄电池技术刚刚起步，潜艇的潜航深度低，潜航时航速亦非常低（"鲈鱼"号的设计水下航速仅为 2 节），所以二战中各国的潜艇一般在巡航时，都是和普通船只一样在水面航行，并以其燃烧氧气的开放式柴油发动机驱动其电动马达，为蓄电池充电。只有在战斗和规避炮火时潜艇才会潜到水底，所以艇上除鱼雷发射管外，也备有现代潜艇不再存在的武器——防空和对平面作战用的火炮及机枪。

另外，潜艇上的主要武器——鱼雷，采用惯性导航，也就是从直线攻击。但有鉴于MK—14鱼雷的失败设计，潜航深度不足并易于被目标上的瞭望人员以肉眼发现并回避，所以经常需要发动多次攻击才能击中目标（这也是为何"鲈鱼"号要动用多枚鱼雷和炮才能击中商船"里斯本丸"）。自珍珠港事件后，北太平洋的势力向美国倾斜，美军开始发动在日本控制海域以潜艇部队打击日本商船的作战，"鲈鱼"号潜艇为作战成员之一。

"鲈鱼"号在6月12日得到中途岛海军基地的补给后，开始向太平洋西部日本控制下的东海地区出发，进行其首次战斗巡逻，向所有挂有日本太阳旗的敌国船舰发动偷袭。在东海击伤两艘日军商船后，

"鲈鱼"号在 7 月 30 日返回珍珠港维修和补给。其
第 2 次战斗巡逻则是在 8 月 28 日才再次开始。"鲈鱼"
号第 2 次回到东海海域的战斗巡逻中，成功地击沉
了日本商船"利根丸"（Tone Maru）及"里斯本
丸"，之后返回基地。当时，"鲈鱼"号上无人知晓"里
斯本丸"是一艘满载盟军战俘的船只。11 月至 12 月
间的第 3 次战斗巡逻则往南下，在澳大利亚布里斯
班（Brisbane）外海进行。在第 3 次的巡逻中"鲈鱼"
号再添战绩，击沉了满载所罗门群岛日军补给品的日
本商船"万隆丸"（Bandoeng Maru）。"鲈鱼"
号的最后战绩则是在 1944 年 12 月击沉日本三井船
舶旗下的"熊野山丸"（Kumanoyama Maru）。
战争结束后，"鲈鱼"号并没有随之退出海军舞台，
而是在 1946 年进行大幅改良，并一直在美苏冷战时
期服役到 1968 年才正式退役，并在 1970 年出售给
民间厂商拆卸。

"里斯本丸"简介

"里斯本丸"是一艘属于日本邮船公司的客货商船，船长约 120 米，宽约 18 米，船桅约高 20 米，排水量 7152 吨。"里斯本丸"的龙骨于 1919 年 10 月 15 日开始建造，船体号码为 70，建造者为横滨船坞有限公司。它还有两艘姊妹船，分别为"里昂丸"（Lyons Maru）和"利马丸"（Lima Maru）。

经过大半年后，"里斯本丸"于 1920 年 5 月 31 日下水。早期的动向并不清楚，最早的记录为 1934 年 5 月 5 日，它载着一批日本移民驶进美国三藩市港口，而在翌年，它在接近伦敦的泰晤士河口被拍到照片。到了 1942 年 6 月至 8 月底，英国追踪到"里斯本丸"正在香港太古船厂进行维修。

在二战时期，所有日本商船已被军方征用运送战略物资，甚至是军队和装备，而"里斯本丸"在完成维修和改装工程后，随即充当运兵船，将士兵运往位于南太平洋的瓜达尔卡纳尔岛（Guadalcanal）战场抵抗以美军为首的盟军反攻。"里斯本丸"在完成任务后便又折返香港，准备运送囚于深水埗集中营的战俘到日本。

1942 年，"里斯本丸"已经航行了 22 个年头，也是最后一个年头。船长一职由经田茂担当。经田茂于 1921 年 12 月毕业于海员学校，曾先后服役于多艘商船。1942 年 3 月 4 日，他掌舵的"盛网丸"（Morioka Maru）在长崎中遇水雷沉没，之后他被派到"加尔各答丸"（Calcutta Maru），不久后该船亦被美军潜艇"海神"号（USS Triton）发射鱼雷击沉。当时的美军采取潜艇战略对付日本的海上补给路线，自 1942 年起，击沉了数以千计的日本商船，直接将日本对外的补给路线完全切断，致使其兵工厂和各种军事设施处于物资原料严重短缺的状态。作为推动战争机器重要燃料之一的石油，也无法运到日本。

经田茂在 2 个月内连续经历 2 次自己掌舵的商

船遇袭沉没后，于同年 9 月 9 日被委任为"里斯本丸"的船长，并在 9 月 15 日登船上任。船只先被载上 1676 吨的铜、废铁、棉花及各种矿石，准备运往大阪，而另外 32 吨的高性能 5 寸炮弹，则会运到东京。除了这些战略物资，经田茂在不久后便目睹近 2000 名英战俘及 700 多名日本官兵登船。"里斯本丸"船首漆上白色的英语和日语船名，悬挂着太阳旗，准备展开驶返日本的危险旅程。这时经田茂的心里必定会嘀咕，他这艘排水量 7000 多吨，比起他过去驾驶的船大得多的"里斯本丸"会不会逃过被美军潜艇击沉的厄运。

"里斯本丸"沉没后
伊文斯的逃生路线

以下记述由已故的赖廉士（Lindsay Tasman Ride）爵士之女伊丽莎白·赖特（Elizabeth Ride）从其父收藏的文件中提供，并在英国国家档案馆的许可下进行了转录。这段记述非繁体版原书内容，现作为补充材料，呈现伊文斯、詹姆斯顿、法伦斯三位战俘在逃生期间穿越中国的亲身经历，并补充本书中缪凯运之女缪芝芬提供的《父亲，做了中国人应做的事》中的记述。因方言与普通话的语调不同及地名的变更，文中部分地名与人名系猜测性音译。

1942 年 10 月 2 日上午 7 时，"里斯本丸"遭鱼雷击中。事发后，船体是否被拖行尚不明确。当时我们听到拖缆断裂的声音，说明有人尝试拖带我们的船，但我们对究竟被拖行了多远并不知晓，同样不清楚在遭到鱼雷攻击后我们的船漂了多远。当时船正向北行驶，在船的左舷方向能看到远处的陆地。

　　船沉没后，我在水中待了三四个小时，一直朝着陆地游去。一股强劲的、向陆地涌动的潮水帮了我很大的忙。据救我的中国人说，"里斯本丸"在距离岛屿大约5千米的地方沉没了。我在两个岛屿之间游着，寻找上岸的地方，之后被中国渔民从海里救了起来。他们把我带到了附近最大的岛上的一个家中。我就是在这个岛上和詹姆斯顿、法伦斯一起被藏了起来，最终被游击队员解救了出来。

　　这个岛名叫青浜岛，属于组成列山群岛的53个岛之一。从10月2日至6日，我们在青浜岛藏匿了5天。10月8日，我们在游击队的接应下撤离。当日下午1时左右，我们乘小帆船离岛，午夜抵达另一岛屿，短暂进食后换乘大型海船离岸。船行数小时后，第2天清晨抵达葫芦岛。再次匆忙进食后，我们徒步10千米到达一个小村庄与游击队会合。而后，我们改乘轿子继续前进了10千米，途中遇见更多游击队员，最后换乘大型远海帆船离开葫芦岛。航行四五个小时后，我们险遇日军驱逐舰，几近暴露，最终抵达内陆。但是，登陆后我们又步行了约16千米，才于9日晚6时抵达在郭巨镇的游击队总部。在那里，我们遇到了当地的游击队指挥官王继能，并与他同住了3天，受到了他的热情款待。我们10个月来第一次洗了热水澡，换上了整洁的衣服，吃了丰盛的食物。王继能特意叫来裁缝，为我们紧急赶制了中式服装。

13日，我们告别王继能，一直由几位游击队员护送，不分昼夜地乘坐轿子穿越山区。途中，我们拜访了另一位游击队的指挥官，他的总部设在一片茂密森林中的一个大寺庙里。随后，我们又被游击队员带到了海边，开启了最后一次乘坐小帆船的旅程。我们沿着一条在地图上清晰标注的大河口行驶，最终抵达了长坑（Changtse）。这是一个非常小的城镇，在地图上很难找到。在那里，我们与苏本善县长共度1天之后，又乘轿前往宁海。途中我们一直受到徐尊（Hsu Tsun）长官的照顾。最终，我们于10月16日抵达宁海。

在宁海，我们给英国驻重庆大使馆发了电报，告知我们已成功逃脱的消息，并询问他们前往重庆的路线以及申请所需的旅费。我们没有在这里等待重庆方面的回复，而是在 10 月 19 日离开了宁海，途中在白桥（Barzien）过了一夜，于 10 月 21 日中午左右抵达了临海（台州府）。在临海，我们在弗兰克·英格兰德（Frank Englund）夫妇家中借住了 2 周。他们十分友善，对我们热情款待。在这期间，我们还得到了治疗。（弗兰克·英格兰德夫妇还照顾了 5 名曾在轰炸东京湾事件中受到重伤的美国飞行员。中国人发现了坠毁的飞机，并把飞机上受伤的飞行员送到临海，其中有位飞行员是《东京上空三十秒》的作者。）在临海，我们受到了县长庄强华先生的周到款待。

11 月 7 日，我们按照从英国驻重庆大使馆收到的指示，离开了临海。我们抵达的第一座大城市是温州，途中乘坐汽艇经过了海门和黄岩。我们换乘运河船，途经了刘桥（Liu Chiao）和黄林（Hwan Ling）。从黄林到环岭岗（Hwan Ling Gar）、大村（Dar）、青溪（Tsing）、黄桥（Hwang Chiao）

和玉青（Ngok Ching），我们是坐轿子过去的。接着，我们从玉青出发，先是乘坐运河船，直到抵达河边，然后换乘了一艘小帆船，于 11 月 11 日晚上 10 时左右抵达温州。我们在温州一直待到 11 月 13 日上午，其间见到了包括张邦孙（Chang Pang Sun）先生在内的几位官员。张先生是浙江省一位级别很高且颇有名望的官员。11 月 13 日，我们乘坐河船离开温州，由一艘汽艇以"联运列车"的方式拖着前行。当晚抵达青田（Ching Tian），第二天一大早又乘坐河船出发。由于河水较浅，行进速度很慢，船既要用篙撑，还要用绳子拉。我们经过了茭湖（Jaio Foo），于 11 月 15 日晚上抵达了丽水。

11 月 17 日上午，我们乘坐河船离开了丽水。自离开温州以来，一路上我们都在欣赏着秀美的风光。我们途经了皮屿（Pi Yu），在那里遇到了英国驻华军事代表团的兰开斯特（Lankester）少校。18 日中午，我们又乘坐河船出发，在船上过了一夜后，抵达了一个小村庄。小村庄派来了一辆小巴士送我们继续前行。11月19日下午6时，我们抵达了云和县。我们在云和县一直待到11月21日下午1时，与刘廷宝（Liu Ting Pao）先生告别后，再乘坐汽车离开，刘先生从临海开始就一直担任我们的向导，并且与我们成为了朋友，而此时他要返回临海了。我们行驶在山路上，周围是壮丽的景色。11月21日下午4时，我们抵达了龙泉。这时我们已经到了有公共汽车线路的地方，于是我们乘公共汽车离开了龙泉。11月22日上午11时，我们抵达了福建省的浦城县。次日清晨，我们从浦城乘公共汽车出发，途中曾因日本飞机的出现而受到惊吓。11月23日下午1时，我们抵达南平，在这里见到了英国驻华军事代表团的哈迪（Hardy）上尉。我们在南平住到11月27日上午，美国传教士班克哈特（Bankhardt）夫妇招待我们住了两晚。11月29日早上6时，我们乘公共汽车离开南平，途经永安（Yungan）和坂坎（Bangkan），最终于12月1日到达长汀。12月3日早上6时，我们乘坐邮政汽车离开长汀，于当天晚上8时抵达韶关。

我们在韶关一直待到 12 月 5 日早上 6 时。（由于广州被侵华日军占领，韶关成为了战时广东省的省会。）

12 月 10 日，我们离开韶关，乘坐火车前往桂林，并于 12 月 11 日抵达桂林。我们在桂林的英国驻华军事代表团总部一直待到 12 月 16 日。随后，我们在桂林搭乘一架美国空军飞机飞往昆明。到达昆明后，我们 3 人分别出发，其中 2 人前往印度，而我接到指示要飞往重庆。12 月 22 日，我再一次搭乘美国空军飞机从昆明飞往重庆。这次，我有幸与切诺特（Chenault）军官乘坐同一航班。值得一提的是，在昆明的时候，美国轰炸机指挥部的军官以及其他情报官员就我们 3 个人的行程对我们进行了询问，而我们也提供了一些关于日本人在香港的船只调动以及港口使用情况等有用的信息。12 月 26 日我离开重庆，乘飞机前往加尔各答，然后一路坐飞机到达巴尔的摩。

持续的纪念

2007—2017

自 2007 年繁体版《实录·里斯本丸事件》出版以来，香港"里斯本丸"协会与浙江舟山一直保持着密切的联系。香港"里斯本丸"协会的主要交流对象包括舟山当地政府官员、舟山"里斯本丸"研究协会以及浙江海洋大学的相关人员。他们共同努力，让东极岛渔民营救英军战俘的英勇事迹被人们铭记。

东极历史文化博物馆于 2010 年开馆，馆内的展品在很大程度上与 1942 年 10 月发生的事件相关。

每年 10 月，舟山都会举办纪念活动，以歌颂 1942 年参与救援行动的渔民们的英勇无畏的品格，并缅怀长眠于东极岛附近海底的遇难者。

香港"里斯本丸"协会是这些活动的主要组织者。2012 年，在"里斯本丸"沉没 70 周年之际，协会举办了一场尤为盛大的纪念活动。

2015 年，各方举办了多场纪念沉船事件的活动。9 月，伦敦爱乐华人合唱团在伦敦卡多根音乐厅举行音乐会，纪念中国人民抗日战争暨世界反法西斯战争胜利 70 周年。演出曲目主要包含太平洋战场和欧洲战场的战时歌曲，并特别呈现了《黄河大合唱》在英国的首次公演。我很荣幸地受邀发表演讲，讲述了"里斯本丸"事件、渔民的英勇之举以及遇难者的悲惨命运。随后，欧惠雯以钢琴独奏的形式演绎了白竞生先生创作的《里斯本丸挽歌》。这段让历史萦绕心头的乐曲令观众潸然泪下，许多人在事后表示，这是一个感人至深又充满悲情的故事。

10 月，舟山照例举行了纪念活动。此次的活动地址选在浙江海洋大学。英国皇家退伍军人协会（中国香港及中国内地分会）提供了花环，分别代表该协会、香港战俘协会、英国驻香港总领事馆等机构敬献于纪念现场。

2015 年 10 月 20 日，习近平主席于对英国进行国事访问期间，在白金汉宫为他举行的国宴上发表讲话时提到了"里斯本丸"事件。他指出，第二次世界大战期间，中国浙江省舟山渔民冒死营救了从日本的"里斯本丸"上逃生的数百名英国战俘，在战火中结下的情谊成为"两国关系的宝贵财富"。

　　虽然查尔斯·佐敦先生已经去世了，但是舟山人民仍铭记他 2005 年的来访，并非常热情地与其时年 95 岁高龄的遗孀爱芙莲·佐敦夫人保持着联系。11 月，舟山绿眉毛航海队队长胡牧将一颗取自东极岛的石头赠予沈健，嘱托他转交爱芙莲·佐敦夫人作为纪念。沈健让自己的儿子卡迪夫（Cardiff）在石上刻下"东极岛"3 个字，并定制了刻有中英双语铭文的亚克力展示盒。我当时恰好在香港，受托将此物转交爱芙莲·佐敦夫人。我于 11 月 11 日英国阵亡将士纪念日抵英，即刻前去拜访爱芙莲·佐敦夫人。爱芙莲·佐敦夫人与她的儿子、女儿都在家，熊猫线上电视台代表及舟山的记者也在场见证。众人遵循传统默哀 2 分钟后，我将这块石头郑重交予爱芙莲·佐敦夫人。舟山人民的这份心意令她与家人备受感动。

2017年正值"里斯本丸"沉船事件75周年纪念日，10月2日，舟山与伦敦两地同步举行纪念活动。中方活动由浙江海洋大学东海发展研究院在舟山承办。当日晚间，该研究院于舟山召开研讨会，与伦敦的纪念仪式同步进行。中国电视台全程录制两地的纪念活动，通过实时连线实现全球参与者的互动交流，并与1942年参与救援的老渔民林阿根对话。除本地悼念环节外，香港"里斯本丸"协会、英国驻香港总领事馆、英国皇家退伍军人协会（中国香港及中国内地分会）、香港战俘协会、威尔士王妃皇家军团等机构敬献花圈。活动组织者胡牧宣读中文悼词，我则在伦敦现场同步诵读英文译本。

胡牧说道："今天，我们在此沉痛哀悼800多位曾在亚太战役中与我们并肩作战的盟军战友。

"75年前，1942年10月2日，'里斯本丸'沉没的悲剧事件发生在舟山群岛。当时，'里斯本丸'

被改装成一艘运输船，从中国香港驶向日本。船被1834位英军战俘、货物、物资装满。‘里斯本丸’途经舟山的东极岛海域时，被美军潜艇击沉。在‘里斯本丸’沉没过程中，日军不仅没有实施救援，反而残忍地将战俘关押在船舱内，企图制造美军屠杀战俘的假象。随后，日军又用机枪、步枪射杀企图逃出船舱的战俘，最终导致800余名英军官兵或被日军射杀、或沉入海底。

"抗日战争中奔赴前线的各国军人，超越国家、党派斗争与宗教信仰的不同，共同抵御外敌的侵略。无数青年以强烈的集体主义精神投身战火，他们是真正的军人！他们中有些人战死沙场，有些人得到安葬；在幸存者中，有些人衣锦还乡，有些人流离失所。

"第二次世界大战期间，日本军国主义对各国战俘与人民犯下了不可饶恕的罪行。虽然日本军国主义在第二次世界大战中以失败告终，但所有亚洲国家的政府和人民仍需对日军在二战期间的侵略行为保持清醒的认知。因此，我们今天在此怀着真诚的心，以人与人之间最真挚的情感力量举行纪念仪式，来铭记这段尘封的历史。

"值此'里斯本丸'沉没事件75周年公祭活动之际，我们要始终铭记历史真相，弘扬抗战精神，传递和平之声。

"让我们为人与人之间的宽容与慈爱，以及天下的和平作出努力。"

伦敦的这场纪念活动由威尔士王妃皇家军团（前身为米德尔塞克斯兵团）组织，在位于卡姆登的远东战俘纪念碑前举行。部分曾搭乘"里斯本丸"的部队代表及战俘家属出席了仪式。威尔士王妃皇家军团、皇家苏格兰军团、缅甸之星协会等团体敬献了花圈，其中特别包括香港"里斯本丸"协会和东海发展研究院敬献的花圈。已知的最后幸存者——皇家苏格兰军团的丹尼斯·莫利（Dennis Morley）虽未能亲临现场，但丹尼斯的战友亚瑟·贝茨（Arthur Betts）的孙子通过视频连线的方式帮助丹尼斯线上观看了纪念仪式。丹尼斯将自己的感想写了下来。他的文字在仪式现场被宣读。或许，用他的这段文字作为本书此部分的结尾再合适不过：

"我，丹尼斯·莫利，来自皇家苏格兰军团第二营，生于 1919 年 10 月 26 日。

"我当年所在的'里斯本丸'载着日军士兵和战俘，正从中国香港驶往日本。这艘船在中国的舟山海域遭美国'鲈鱼'号潜艇鱼雷袭击，潜艇指挥官当时并不知道船上有战俘。

"当'里斯本丸'号开始沉没时，我们跳入海中，并被一些中国渔民救起。（因为中国渔民的义举）日军最终也被迫开始捞人。

"我被日军船只捞起时赤身裸体，几乎快要冻死。直到抵达上海，我才得到了衣物。日军清点人数后发现，有 800 多名战俘溺亡。幸存战俘被日军转移至运输船，先抵达日本门司港，后乘火车转往神户和大阪。我被关进神户收容所，在码头当装卸工，负责船只货物的装卸工作。

"在此，我要向 75 年前那天所有参与救援的中国渔民致以最诚挚的谢意。

"感谢你们给了我余下的生命。

"当我是一个战俘的时候,我从未想过我会活到97岁。

"再一次感谢所有帮助过我的人,谢谢你们拯救了我。

"谨以最诚挚的祝愿,愿你们未来的人生健康、幸福、平安。"

2017—

自此书的繁体版和英文版出版以来,出现了几项重大进展,促进了东极岛渔民营救"里斯本丸"事件的广泛传播。

电影进展

此书的英文版出版后,我便与中国电影制片人方励建立了联系。当时,方励正在计划拍摄一部关于"里斯本丸"事件的纪录电影。我随后担任了该记录电影的军事顾问，并协助联系了数百名经历过沉船事件的英军战俘的亲属。方励的团队还找到了一位沉船事件幸存者——来自米德尔塞克斯兵团的威廉·班尼菲尔德（William Beningfield）。他与另一位幸存者丹尼斯·莫利以及100多名战俘亲属都接受了纪录电影摄影方的采访。纪录电影的制作曾受到疫情影响，进度延迟，但最终顺利完成。

2023年8月，《里斯本丸沉没》在伦敦举行了试映，邀请了众多观众，其中大多是英军战俘的亲属。2024年6月，《里斯本丸沉没》在上海国际电影节上举行了全球首映礼。同年8月，该片在北京举行了中国首映礼，并随后在中国全面上映，取得了巨大成功。这部纪录片获得了广泛赞誉，它以准确的历史叙述和感人至深的表现手法，尤其是对战俘亲属的深情刻画，打动了无数观众。该片斩获第11届丝绸之路国际电影节"金丝路奖"最佳纪录片、第37届中国电影金鸡奖"最佳纪录／科教片奖"。

在中国，"里斯本丸"的故事正在被更多人知晓，人们对这段历史也越发感兴趣。目前，还有一部改编自该历史事件的剧情片《东极岛》正在制作中。该片由中国知名导演管虎、费振翔联合执导，著名演员朱一龙、吴磊、倪妮领衔主演。影片于 2025 年上映，有望进一步激发公众对"里斯本丸"事件的兴趣。

纪念碑

2021 年 10 月，纪念"里斯本丸"事件遇难者的纪念碑在英国国家纪念植物园揭幕，约有 650 人参加了揭幕仪式。该纪念碑由战俘亲属及一些曾参与该事件的服务协会成员捐助建成。自纪念碑揭幕以来，每逢"里斯本丸"沉船纪念日，我们都会在此举行纪念仪式。此外，英国"里斯本丸"纪念协会已经成立，旨在长期举办每年的"里斯本丸"沉船纪念活动，以缅怀战俘所经受的苦难，铭记舟山渔民的勇气，并与舟山人民建立联系。英国"里斯本丸"纪念协会得到了战俘亲属、舟山民间组织及渔民后代的支持，特别是出生在舟山市普陀山的艺术收藏家孙忠宝先生，给予了协会极大的支持。"里斯本丸"最后一位英军战俘幸存者丹尼斯·莫利不幸在纪念碑建成之前离世。纪念碑揭幕仪式之后，协会秘书沈健建议维尼女士向习近平主席致信。维尼女士致信习近平主席，恳请在中国也建立一座"里斯本丸"沉船事件纪念碑，以此来铭记舟山人民的英勇事迹。中国的纪念碑于2024年在浙江舟山落成。

英军战俘亲属与中国的联系

习近平主席曾在回信中指出，1942年中国浙江省舟山渔民英勇营救"里斯本丸"英军战俘的感人事迹，是中英在第二次世界大战中作为盟友并肩作战、共同抗击法西斯侵略的重要见证，也是两国人民结下深厚情谊的历史佳话。希望"里斯本丸"幸存者家属继续致力于中英友好，期待更多英国朋友为中英关系发展作出积极贡献。

多年来，香港"里斯本丸"协会一直致力于促进舟山人民与战俘亲属之间的紧密联系。中国驻英国大使郑泽光也在积极推动中国驻英国大使馆工作人员与战俘亲属之间的交流。他多次主持聚会，邀请使馆工作人员和约 150 名战俘亲属共同参与。2024 年，郑泽光带领舟山代表团出席聚会，代表团中救援过英军战俘的渔民的后代受到了战俘亲属的热烈欢迎。郑泽光还帮助 6 位英军战俘亲属来到中国，出席纪录片《里斯本丸沉没》在上海举办的全球首映礼。随后，这些亲属前往舟山，与当地的渔民后代会面，并参观了"里斯本丸"的沉没地点。他们受到舟山人民的热烈欢迎和盛情款待，进一步增进了双方的友好情谊。郑泽光致力于继续加强英军战俘亲属与中国人民之间的友好情谊。他计划每年举办一次战俘亲属聚会，并有意赞助部分亲属前往中国，参加 2025 年"里斯本丸"纪念碑的揭幕仪式。

纪录片中有个情节是米德尔塞克斯兵团的士兵约翰·韦弗（John Weaver）在"里斯本丸"事件中遇难，他的侄女林赛·阿彻（Lindsey Archer）在影片中朗读了他在遇难前写给母亲的信，信中提到他将要与一位名叫梁秀金的中国女孩结婚。（1940年底，两人在香港结婚。）然而，这家人一直未能联系到梁秀金。纪录片上映后，制片人方励通过厦门的媒体找到了梁秀金的家人，得知她已去世多年，当年她再婚后育有一女。目前，她的女儿及其家人已与林赛取得联系，双方期待不久后能见面。

这段曾经淹没在历史长河中的故事，如今在中国和英国都得到了广泛传播。人们对这段历史的了解和关注，为其筑牢了根基，使其得以延续，并逐渐在全球范围内广泛传播。在拍摄这部纪录片时，方励曾多次感慨，全世界都知道"泰坦尼克"号，但几乎无人知晓"里斯本丸"。如今，这一切正在悄然改变。

布莱恩·费恩祺

2024 年 10 月

营救英军战俘的
中国人名单

边得荣	陈来法
边定兴	陈林克
蔡解瘦	陈林尧
陈阿康	陈铭海
陈阿毛	陈如升
陈阿妹	陈如新
陈阿品	陈瑞华
陈阿庆	陈水章
陈阿余	陈顺品
陈爱月	陈松茂
陈大宝	陈松英
陈根华	陈新定
陈根友	陈新岳
陈俊岳	陈信良

陈星华	方阿全
陈兴才	方来运
陈幸福	郭阿德
陈哑子	郭阿法
陈谒友	郭阿伏
陈银人	郭阿兴
陈永华	郭大康
陈友邦	郭福宝
陈章福	郭福庆
陈中岳	郭孤宝
陈总根	郭孤福
窦阿康	郭孙宝
窦飞熊	郭孙福
窦如根	郭信发
窦如康	韩谒元
窦瑞生	侯阿根
窦谒德	侯阿厚
杜阿根	胡阿法

胡阿志	黄水富
胡大鸟	黄岁富
胡可铏	黄杏招
胡克鹊	黄谒林
胡克顺	黄谒明
胡克乌	江明远
胡小鸟	李阿庆
黄阿海	李才兴
黄安富	李朝洪
黄才庚	李朝良
黄汉林	李朝龙
黄金富	李朝禄
黄康信	李朝能
黄明德	李朝卿
黄瑞虎	李朝乡
黄瑞龙	李朝岳
黄瑞祥	李潮洪
黄瑞元	李启良

李如福	刘阿康
李小连	刘阿仁
李长根	刘阿荣
梁阿法	刘阿元
梁阿苟	刘敦芳
梁奕卷	刘开明
林阿法	刘全明
林阿根	刘位洪
林走章	刘永兴
林富尹	刘住洪
林梅兰	留阿女
林升天	芦瑞元
林万良	吕德仁
林信法	马才明
林谒法	马信字
林谒槐	缪凯运
刘阿德	邱阿位
刘阿福	邱阿信

任崇锦	施先君
任林生	施先通
任信仓	史兰仙
任信凤	舒志品
任信建	苏本善
阮如康	谭阿台
沈阿桂	唐阿宝
沈宝兴	唐阿良
沈福明	唐才根
沈桂兴	唐崇庆
沈品生	唐品根
沈廷桂	唐如福
沈万寿	唐如良
沈友生	唐顺余
沈元兴	童来生
施阿林	王阿富
施三妹	王阿吉
施先调	王阿良

王阿年　　　　　　王谒富

王阿荣　　　　　　王谒海

王阿五　　　　　　王谒吉

王阿余　　　　　　王谒明

王阿裕　　　　　　王益英

王邦荣　　　　　　王友邦

王大云　　　　　　王昭云

王旦英　　　　　　魏安信

王继能　　　　　　魏福昌

王娇云　　　　　　魏福来

王连水　　　　　　魏瑞棠

王仁友　　　　　　魏野狗

王瑞元　　　　　　魏云来

王仕益　　　　　　翁阿川

王祥林　　　　　　翁阿荣

王祥水　　　　　　翁九杏

王小云　　　　　　翁柳香

王谒表　　　　　　翁贤方

翁义方	吴云和
翁宗耀	吴云龙
吴阿鲁	吴云元
吴根祥	忻元寅
吴豪判	徐谒德
吴兰芳	许阿瑞
吴其和	许阿台
吴其麟	许文瑞
吴其龙	许毓嵩
吴其三	严阿品
吴其生	严鹤云
吴其银	颜阿招
吴其元	颜财运
吴上德	颜鹤明
吴上亨	颜鹤卿
吴上水	颜鹤乡
吴谒存	颜鹤云
吴谒鸟	杨福林

杨富贵	张阿康
杨通生	张阿良
叶亨玉	张阿品
叶瑞根	张阿三
叶子玉	张常法
于谒法	张崇德
俞登年	张春水
虞阿康	张福庆
虞如福	张宏德
虞如根	张如品
虞如康	张小庆
虞瑞生	张谒哗
虞谒德	张永清
袁中德	张宗法
岳阿华	张宗良
岳信全	赵阿章
曾忠厚	赵祥林
张阿夫	赵祥其

赵筱如

周阿五

周阿兴

周纪坤

周杏根

周丈夫

朱阿德

庄阿保

庄阿花

庄阿新

庄林财

（此名单按照姓氏拼音字母排序）

"里斯本丸"
遇难者名单

姓名	军团	部队
ABEL, Clifford Alan	皇家海军	添马舰
ADAM, George Currie	皇家苏格兰军团	第二营
ADAMS, William	皇家炮兵团	第十五防空炮台第八连
ADAMSON, Charles Vincent	香港新加坡皇家炮兵团	第一香港团
AIKMAN, Ronald Edward	米德尔塞克斯兵团	第一营
ALCHIN, Milton Carl	香港船坞防卫部队	船坞警察队
ALEXANDER, Adam Glen	皇家炮兵团	第十二海岸炮团
ALLAN, Hugh Hamilton	皇家苏格兰军团	第二营
ALLANSON, Kenneth Edward	皇家炮兵团	第十五防空炮台第八连
ALLEN, William Richard	皇家海军陆战队	添马舰
ALLIN, Bernard Lester	皇家通信部队	香港通信连
ALLISON, Patrick Joseph	皇家苏格兰军团	第二营
ALLPORT, Albert Edward	香港新加坡皇家炮兵团	第一香港团
AMBROSE, Fred	皇家海军陆战队	添马舰
ANDERSON, John	皇家炮兵团	第十二海岸炮团
ANDERSON, John McLeod	皇家苏格兰军团	第二营
ANDREW, Matthew Beaton	皇家苏格兰军团	第二营
ANDREWS, Leslie William	皇家苏格兰军团	第二营
ARCHER, Albert William	皇家炮兵团	第十二海岸炮团
ARCHIBALD, Robert Miller	皇家海军	添马舰

ARCHIBALD, William	皇家炮兵团	第十五防空炮台第八连
ARNDLE, Edward	皇家通信部队	香港通信连
ASHFORD, Ronald Edward	皇家海军	添马舰
ASTILL, Arthur	皇家海军	添马舰
ATKINSON, Edwin	皇家通信部队	香港通信连
ATKINSON, Robert	皇家海军	添马舰
ATTWELL, Gerald	皇家海军	添马舰
AUDSLEY, Harold	皇家工程部队	第四十要塞连
AULD, Alexander	皇家苏格兰军团	第二营
AUSTIN, William	香港新加坡皇家炮兵团	第一香港团
BACHE, Herbert Henry	皇家陆军医疗部队	第二十七连
BACKHURST, Alfred Leonard	米德尔塞克斯兵团	第一营
BADER, Bernard John	香港新加坡皇家炮兵团	第一香港团
BAILEY, Albert William Henry	皇家炮兵团	第八海岸炮团
BAILEY, Reginald Kenneth	皇家海军	添马舰
BAIN, John Harper	皇家苏格兰军团	第二营
BAKER, George Sidney	米德尔塞克斯兵团	第一营
BAKER, Jack	皇家海军	添马舰
BAKER, John James	米德尔塞克斯兵团	第一营
BALAAM, Arthur John	皇家炮兵团	第十五防空炮台第八连
BALDWIN, William Charles	皇家炮兵团	第十二海岸炮团
BANKS, Raymond	皇家炮兵团	第十五防空炮台第八连
BARBOUR, James Munro	皇家工程部队	第四十要塞连
BARLOW, William Arthur	皇家炮兵团	第十二海岸炮团
BARNES, Cyril	皇家炮兵团	第七炮台第五重防空炮团

续表

BARNES, John	皇家苏格兰军团	第二营
BARNES, John	皇家炮兵团	第十五防空炮台第八连
BARNES, Walter	米德尔塞克斯兵团	第一营
BARRATT, Walter Arthur	米德尔塞克斯兵团	第一营
BARRETT, John Charles	米德尔塞克斯兵团	第一营
BASKERVILLE, Albert Thomas	皇家炮兵团	第十二海岸炮团
BATES, Ronald Langley	皇家工程部队	第四十要塞连
BATH, Ronald Jack	米德尔塞克斯兵团	第一营
BAXTER, James Philip	皇家炮兵团	第二十四重炮台
BEATON, James Thom	皇家炮兵团	第十二海岸炮团
BEDFORD, George	皇家通信部队	香港通信连
BEESLEY, Norman	皇家工程部队	第二十二要塞连
BELL, David Bowie	皇家苏格兰军团	第二营
BENNETT, John	米德尔塞克斯兵团	第一营
BENNETT, Leonard Charles	米德尔塞克斯兵团	第一营
BENNISON, William	皇家炮兵团	第十五防空炮台第八连
BENSON, Joseph Hugh	皇家海军	添马舰
BERRY, Ralph	皇家炮兵团	第十五防空炮台第八连
BERRY, Thomas Malcolm	皇家苏格兰军团	第二营
BEST, Harold Ernest	皇家海军	添马舰
BEVIS, Herbert Thomas	皇家海军	添马舰
BICKMORE, Ernest Alfred	皇家海军	添马舰
BIGGS, Arthur Leonard	皇家海军	海军志愿后备团
BILTON, Arthur	皇家海军	添马舰
BIRCH, Arthur Edward	皇家海军	添马舰

BLACK, Andrew Christie	皇家苏格兰军团	第二营
BLACK, George	皇家炮兵团	第十二海岸炮团
BLACKMAN, Albert Lionel	皇家工程部队	第二十二要塞连
BLISS, David Ken	皇家海军	添马舰
BOAG, John Law	皇家工程部队	第四十要塞连
BOND, James William	米德尔塞克斯兵团	第一营
BOND, William Horace	皇家海军	添马舰
BONFIELD, Frank	皇家海军	添马舰
BOOTHROYD, George H.	皇家海军	添马舰
BOWDITCH, Alfred Edward	皇家炮兵团	第八海岸炮团第一营
BOWEY, George Henry	米德尔塞克斯兵团	第二营
BOYCE, Samuel John	皇家炮兵团	第九六五防卫炮台
BOYES, William James L.	皇家海军	添马舰
BOYLE, Hugh	皇家苏格兰军团	第二营
BOYLE, Thomas John	皇家炮兵团	第十二海岸炮团
BOYNE, Martin William A.	皇家海军	添马舰
BRADFORD, Alfred Thomas	米德尔塞克斯兵团	第一营
BREMNER, William	皇家炮兵团	第八海岸炮团
BRENNAN, Michael	皇家工程部队	第二十二要塞连
BRIGHT, Arthur William	皇家海军	添马舰
BROCKLEY, Wilfred	皇家陆军医疗部队	附属单位
BROOKS, Charles Frederick	皇家炮兵团	第十二海岸炮团
BROOKS, Sidney	皇家炮兵团	第十五防空炮台第八连
BROTHERSTON, Andrew	香港船坞防卫部队	
BROWN, David McNeilace	皇家海军	添马舰

BRYANT, Willie	米德尔塞克斯兵团	第一营
BRYDIE, Cecil C.	皇家海军	添马舰
BULL, Walter	米德尔塞克斯兵团	第一营
BURDETT, Kenneth	皇家炮兵团	第八海岸炮团
BURGESS, Frederick	皇家炮兵团	第八海岸炮团
BURNELL, Robert James	香港新加坡皇家炮兵团	第一香港团
BURNETT, Alexander Buchan	皇家苏格兰军团	第二营
BURNETT, Peter	皇家苏格兰军团	第二营
BURNLEY, Fred	皇家炮兵团	第九六五防卫炮台
BURNS, Evan Owen	皇家炮兵团	第十二海岸炮团
BURNS, Thomas McDermid	皇家苏格兰军团	第二营
BURROWS, Edgar George	皇家海军	"苏丹"号
BURROWS, Frank	皇家炮兵团	第十二海岸炮团
BURROWS, Vernon Howard	皇家炮兵团	第十二海岸炮团
BUTLER, Thomas	皇家炮兵团	第八海岸炮团
BUTLER, Walter William	皇家炮兵团	第八海岸炮团
CADLE, Edward Terence	皇家炮兵团	第八海岸炮团
CALVERT, Hans	皇家海军	添马舰
CAMPBELL, Clifford Herbert Henry	米德尔塞克斯兵团	第一营
CAMPBELL, James	皇家苏格兰军团	第二营
CAMPBELL, William	皇家海军	添马舰
CAMPBELL, William	皇家海军	添马舰
CAMPBELL, William	皇家海军	添马舰
CARLEY, John	皇家炮兵团	第九六五防卫炮台
CARPENTER, Maurice David	皇家工程部队	第四十要塞连

CARRELL, George Thomas	米德尔塞克斯兵团	第一营
CARRINGTON, William	皇家苏格兰军团	第二营
CARTER, John Ernest	皇家工程部队	第二十二要塞连
CARTER, Leslie John	皇家炮兵团	
CARTWRIGHT, Leslie George	皇家通信部队	香港通信连
CASELEY, Frank	皇家炮兵团	第八海岸炮团
CASLAKE, Edwin Reginald	米德尔塞克斯兵团	第一营
CASSIN, Francis	皇家海军	"色雷斯人"号
CHALGRAVE, Frank	米德尔塞克斯兵团	第一营
CHALMERS, Alexander	皇家苏格兰军团	第二营
CHAPMAN, Douglas Vernon	米德尔塞克斯兵团	第一营
CHARLES, Douglas Amos	米德尔塞克斯兵团	第一营
CHARLES, Sidney	皇家工程部队	第四十要塞连
CHARLTON, Rennison	皇家苏格兰军团	第二营
CHEEK, George Henry	皇家海军	添马舰
CHICK, Henry	米德尔塞克斯兵团	第一营
CHILCRAFT, Robert Albert	皇家海军	
CHILDS, Thomas Bernard	皇家炮兵团	
CHOWN, George Henry	皇家炮兵团	第十二海岸炮团
CHRISTIAN, Charles Harold	皇家炮兵团	第八海岸炮团
CHRISTIE, George Alexander	皇家苏格兰军团	第二营
CLAPPERTON, Robert	皇家苏格兰军团	第二营
CLARK, James	皇家苏格兰军团	第二营
CLARK, William	米德尔塞克斯兵团	第一营
CLARKE, Charles Arthur	米德尔塞克斯兵团	第一营

CLARKE, John Henry	米德尔塞克斯兵团	第一营
CLARKE, Wilfred Allan	皇家海军	添马舰
CLAYTON, Samuel HKSRA	香港新加坡皇家炮兵团	第一香港团
CLEGGETT, Albert Ernest	皇家通信部队	香港通信连
CLIFFORD, George Frederick	米德尔塞克斯兵团	第一营
CLOGG, George Alfred	皇家炮兵团	第十二海岸炮团
COCKBURN, Richard	皇家炮兵团	第八海岸炮团
COLE, Frederick William	皇家炮兵团	第八海岸炮团
COLEMAN, Patrick	皇家苏格兰军团	第二营
COLES, Joseph William R.	香港船坞防卫部队	
COLTHORPE, Wilfred	皇家炮兵团	第八海岸炮团
COMBE, Alexander Hunter	皇家苏格兰军团	第二营
COMMERFORD, John	米德尔塞克斯兵团	第一营
CONEGHAN, James	皇家苏格兰军团	第二营
CONNOLLY, John Patrick G.	米德尔塞克斯兵团	第一营
COOK, Henry	皇家苏格兰军团	第二营
COOK, James	皇家苏格兰军团	第二营
COOK, Peter Harold	皇家通信部队	香港通信连
COOKE, James Leslie Cyril	皇家工程部队	第四十要塞连
COOKE, John Patrick	米德尔塞克斯兵团	第一营
COOKE, Leonard	皇家炮兵团	第九六五防卫炮台
COOPER, Albert Edward	米德尔塞克斯兵团	第一营
COOPER, George William	皇家工程部队	第二十二要塞连
COPPING, Henry George	米德尔塞克斯兵团	第一营
CORNWALL, Andrew	皇家苏格兰军团	第二营

COUCH, Henry	皇家炮兵团	第十二海岸炮团
COUSINS, George John F.	皇家炮兵团	第八海岸炮团
CRABTREE, Allan	皇家海军	添马舰
CRADDOCK, Thomas George	皇家炮兵团	第八海岸炮团
CRANGLE, John Raphael	皇家海军志愿后备团	添马舰
CRAWLEY, Frederick William	皇家通信部队	香港通信连
CREED, Frederick William	皇家炮兵团	第八海岸炮团
CRICHTON, George	皇家苏格兰军团	第二营
CRITTENDEN, Albert Stanley	皇家工程部队	第二十二要塞连
CROSS, William Albert	皇家炮兵团	第十二海岸炮团
CROWLEY, Patrick Joseph	米德尔塞克斯兵团	第一营
CUELL, William Tom	皇家炮兵团	第八海岸炮团
CULPECK, Francis Henry	米德尔塞克斯兵团	第一营
CURTIS, Llewellyn	皇家炮兵团	第八海岸炮团
DAINTY, George Henry	皇家炮兵团	第十二海岸炮团
DAIR, Robert Francis	香港新加坡皇家炮兵团	第一香港团
DALY, Joseph Hunter	皇家苏格兰军团	第二营
DANNAN, Stephen John	皇家通信部队	香港通信连
DAVIS, Donald Edward	皇家工程部队	第四十要塞连
DAVIS, Harold Raymond	皇家工程部队	第二十二要塞连
DAVIS, John Peter Richard	米德尔塞克斯兵团	第一营
DAVIS, Joseph William	皇家炮兵团	第 36 重炮台
DAWES, James	米德尔塞克斯兵团	第一营
DAWSON, George	皇家工程部队	
DAY, Harry	皇家工程部队	

DELDERFIELD, George A.	皇家炮兵团	第十二海岸炮团
DENYER, George	皇家工程部队	
DICKSON, George Jackson	皇家苏格兰军团	第二营
DIXON, Norman	皇家炮兵团	第八海岸炮团
DOANE, Ernest	皇家炮兵团	第八海岸炮团
DOCHARD, John	皇家炮兵团	第八海岸炮团
DODSON, Charles Henry	皇家海军	添马舰
DONNELLY, John	皇家苏格兰军团	第二营
DOOLEY, Clifford Vincent	皇家炮兵团	第十二海岸炮团
DREW, Wilfred	皇家炮兵团	第十二海岸炮团
DUCKER, Neville James	皇家海军	添马舰
DUDDRIDGE, Richard Henry	香港船坞防卫部队	
DUNLOP, George	皇家苏格兰军团	第二营
DURIE, George Brown	皇家苏格兰军团	第二营
DUROSE, Robert James	皇家炮兵团	第八海岸炮团
DUTCH, Cecil Henry F.	皇家炮兵团	第八海岸炮团
EASTERBROOK, William George Ronald	皇家海军	添马舰
EATON, George	米德尔塞克斯兵团	第一营
EDGE, Leonard	皇家苏格兰军团	第二营
EDWARDS, James Thomas	皇家炮兵团	第八海岸炮团
EDWARDS, John E. D.	皇家海军	添马舰
EGAN, John	皇家苏格兰军团	第二营
ELLARD, Cecil	皇家炮兵团	第九六五防卫炮台
ELLEY, Harold Edward	皇家炮兵团	第八海岸炮团
ELLIOTT, Frederick Alexander	米德尔塞克斯兵团	第一营

ELLIS, Ernest	皇家苏格兰军团	第二营
ELMS, David Kenneth	皇家海军	添马舰
EMBLETON, William	皇家苏格兰军团	第二营
EMBLING, James Albert	皇家工程部队	第二十二要塞连
EVANS, Douglas Charles	皇家炮兵团	第八海岸炮团
EVERETT, Leslie Charles	皇家炮兵团	第十二海岸炮团
EVES, John Charles	皇家炮兵团	第八海岸炮团
FAGE, Charles Edward	皇家海军	"色雷斯人"号
FAIRBAIRN, Alexander David	皇家苏格兰军团	第二营
FARRIE, John Reid	皇家海军	添马舰
FERRIE, Gordon	皇家通信部队	香港通信连
FIDLER, Edward Dixon	皇家炮兵团	第十五防空炮台第八连
FINCH, Harold	皇家海军	添马舰
FINCH, Richard Howell	皇家海军	添马舰
FINDLAY, Edward	皇家苏格兰军团	第二营
FISHER, Albert Louis	皇家海军	添马舰
FISHER, Joseph	皇家炮兵团	第八海岸炮团
FISHLOCK, Ernest Alfred J.	皇家工程部队	第四十要塞连
FLETT, Andrew	皇家海军志愿后备团	香港防弹部队
FLINTER, Edwin Stuart	皇家炮兵团	第三十五炮台
FOLEY, Andrew	米德尔塞克斯兵团	第一营
FORD, George	皇家苏格兰军团	第二营
FORD, Sidney C.	皇家炮兵团	第十二海岸炮团
FORSTER, Arnold William	皇家工程部队	第四十要塞连
FORSYTH, James Leslie Wilson	皇家海军	添马舰

FOSS, John George	皇家炮兵团	第十二海岸炮团
FOSTER, Edward Sinclair	皇家工程部队	第二十二要塞连
FOX, Henry	皇家通信部队	香港通信连
FRANCIS, Evan Charles	皇家海军	添马舰
FRANKLIN, John Wilfred	皇家炮兵团	第八海岸炮团
FRENCH, Walter Leonard	米德尔塞克斯兵团	第一营
FRENCHUM, Frank Ernest	米德尔塞克斯兵团	第一营
FRY, William Francis	皇家工程部队	第四十要塞连
FUDGE, John Alfred	皇家炮兵团	第十二海岸炮团
FULCHER, Cecil Eric	皇家炮兵团	第十二海岸炮团
FULLAGAR, Albert Oliver	香港新加坡皇家炮兵团	第一香港团
FULLERTON, Thomas	皇家苏格兰军团	第二营
FYFFE, Neil	皇家苏格兰军团	第二营
GADD, George Richard	皇家炮兵团	第十二海岸炮团
GAILEY, Leonard Henry	皇家炮兵团	第八海岸炮团
GALE, Edward George	皇家通信部队	香港通信连
GALE, John Frederick T.	米德尔塞克斯兵团	第一营
GALLAGHER, Joseph	皇家炮兵团	第五重防空炮
GARDINER, George	皇家苏格兰军团	第二营
GARDNER, Andrew Pollock	皇家苏格兰军团	第二营
GARRETT, Arthur Thomas	皇家海军	添马舰
GARTH, Patrick	皇家苏格兰军团	第二营
GATES, Edwin William	皇家海军	添马舰
GENTRY, Frederick James	米德尔塞克斯兵团	第一营
GEORGE, Alfred William	皇家炮兵团	第八海岸炮团

GIBSON, Frederick William	米德尔塞克斯兵团	第一营
GIBSON, Hugh	皇家苏格兰军团	第二营
GIBSON, Richard	皇家苏格兰军团	第二营
GILL, Norman Henry	皇家炮兵团	第八海岸炮团
GLISTER, Montague Henry	皇家炮兵团	第八海岸炮团
GLOVER, Herbert Edwin	米德尔塞克斯兵团	第一营
GODFREE, Ronald Frank	皇家海军	添马舰
GODFREY, Alfred Trevor	皇家炮兵团	第八海岸炮团
GODSON, Austin	皇家苏格兰军团	第二营
GOFF, James Henry	皇家工程部队	第二十二要塞连
GOLDIE, Charles	皇家苏格兰军团	第二营
GOODMAN, Albert	米德尔塞克斯兵团	第一营
GORDON, Ian Francis	米德尔塞克斯兵团	第一营
GORMAN, James Thomas	皇家通信部队	香港通信连
GOUDIE, Harold	皇家通信部队	香港通信连
GOULD, Henry Y. J.	皇家炮兵团	第十二海岸炮团
GOURLAY, Ian Douglas	皇家工程部队	第四十要塞连
GRACEY, Peter Douglas	皇家通信部队	香港通信连
GRAHAM, Duncan	皇家海军	添马舰
GRAINGER, James	皇家苏格兰军团	第二营
GRANT, Denis	皇家工程部队	第四十要塞连
GRANT, Edward	皇家苏格兰军团	第二营
GRAY, Christopher Frederick	皇家工程部队	第二十二要塞连
GRAY, Frederick Bernard	米德尔塞克斯兵团	第一营
GREEN, Albert John	皇家炮兵团	第八海岸炮团
GREEN, Ernest Edward	皇家通信部队	香港通信连

GREEN, Frederick	米德尔塞克斯兵团	第一营
GREEN, Herbert	皇家海军	添马舰
GREEN, Jack Garfield	皇家工程部队	第二十二要塞连
GREEN, William Henry	皇家海军陆战队	添马舰
GREEN, William John	皇家炮兵团	第八海岸炮团
GREENWOOD, Norman Thomas John	皇家海军	添马舰
GREGORY, Thomas Henry	皇家工程部队	第二十二要塞连
GREIG, William	皇家苏格兰军团	第二营
GREY, William Edward	皇家海军	添马舰
GRIST, Victor Charles	米德尔塞克斯兵团	第一营
GUBB, Percy William M.	米德尔塞克斯兵团	第一营
GUILLE, John Robert	皇家炮兵团	第十二海岸炮团
HAINES, Charles Henry	米德尔塞克斯兵团	第一营
HALL, Douglas James	皇家通信部队	香港通信连
HALL, Geoffrey Nathaniel	皇家炮兵团	第十五防空炮台
HALL, Reginald Ernest	米德尔塞克斯兵团	第一营
HALL, Samuel	皇家苏格兰军团	第二营
HALL, Thomas	皇家苏格兰军团	第二营
HALL, Walter	皇家炮兵团	第九六五防卫炮台
HALL, Walter John	米德尔塞克斯兵团	第一营
HAMILL, Thomas	皇家苏格兰军团	第二营
HAMILTON, Isaac	皇家苏格兰军团	第二营
HAMMOND, Frank	皇家海军	添马舰
HANDFORD, John Frederick	米德尔塞克斯兵团	第一营
HANLEY, George	皇家炮兵团	第八海岸炮团

续表

HANNAN, Thomas Bernard	皇家炮兵团	第十二海岸炮团
HARDINGTON, Ronald	皇家炮兵团	第十二海岸炮团
HARDY, Francis Gordon	皇家海军	
HARE, Charles	米德尔塞克斯兵团	第一营
HARKINSON, William John	皇家通信部队	香港通信连
HARPER, Henry George	皇家炮兵团	第十二海岸炮团
HARPER, Ronald George	皇家海军	
HARRIGAN, Francis William	皇家工程部队	第二十二要塞连
HARRIS, Charles Richard	米德尔塞克斯兵团	第一营
HARRIS, George Arthur	皇家海军	添马舰
HARRISON, Richard Stuart	皇家海军	海军志愿后备团
HART, Robert	皇家苏格兰军团	第二营
HARVEY, Cyril	米德尔塞克斯兵团	第一营
HARVEY, James	皇家苏格兰军团	第二营
HATCHETT, Percy John	米德尔塞克斯兵团	第一营
HATFIELD, Charles Henry	米德尔塞克斯兵团	第一营
HATTON, Thomas	皇家炮兵团	第十二海岸炮团
HAVERCROFT, Samuel	皇家苏格兰军团	第二营
HAVILAND, Charles Stephen	皇家海军	
HAWKINS, Joseph Edward	皇家工程部队	第四十要塞连
HAWKINS, William Henry	皇家炮兵团	第十二海岸炮团
HAWKSWORTH, William E. J.	皇家海军	添马舰
HAYNES, Harold George	皇家工程部队	第二十二要塞连
HAYWARD, Walter Alfred	米德尔塞克斯兵团	第一营
HEADLEY, William Arthur	香港新加坡皇家炮兵团	第一香港团

HEALY, Dennis	皇家海军	"蝉"号
HEMMINGFIELD, Arthur	皇家苏格兰军团	第十五防空炮台
HENDERSON, David	皇家苏格兰军团	第二营
HENDERSON, Francis	皇家苏格兰军团	第二营
HENDERSON, Lancelot	皇家苏格兰军团	第二营
HENDY, Norman	皇家炮兵团	第八海岸炮团
HESLOP, James	皇家海军	添马舰
HEWER, Edward Henry John	皇家炮兵团	第十二海岸炮团
HEWITT, Frank	皇家通信部队	香港通信连
HEWSON, Thomas James	皇家炮兵团	第九六五防卫炮台
HICKMAN, Oscar	皇家炮兵团	第十二海岸炮团
HILDRED, Reginald John	皇家炮兵团	第九六五防卫炮台
HILL, Ernest	皇家炮兵团	第八海岸炮团
HILL, George	皇家海军	"色雷斯人"号
HINGEFrank, Charles	皇家海军	添马舰
HISCOCK, Albert Roy	皇家炮兵团	第八海岸炮团
HITCHIN, Henry Alfred	皇家炮兵团	第八海岸炮团
HODGE, John Henry	皇家通信部队	香港通信连
HODGE, Walter Resolution	皇家通信部队	香港通信连
HODGSON, Robert	皇家海军	添马舰
HODKINSON, Kenneth Townson	皇家苏格兰军团	第二营
HOGAN, William	皇家炮兵团	第八海岸炮团
HOLT, James Samuel	皇家海军	添马舰
HOMBURG, John Sydney	皇家工程部队	第四十要塞连
HOOLEY, Reginald	皇家炮兵团	第八海岸炮团

HOPE, Arthur	米德尔塞克斯兵团	第一营
HOPKINS, Francis Yonge	皇家海军	添马舰
HORNER, George Borham	皇家炮兵团	第十二海岸炮团
HORSLEY, Eric	皇家海军陆战队	添马舰
HOSFORD, Robert	皇家海军	添马舰
HOUGHTON, Francis John	米德尔塞克斯兵团	第一营
HOWARTH, John William	皇家炮兵团	第十二海岸炮团
HOWSON, Ronald	皇家海军	添马舰
HUGHES William	皇家苏格兰军团	第二营
HULL, George James Parsons	皇家海军	添马舰
HUSBAND, Edwin	皇家通信部队	香港通信连
HUTCHINSON, George William	皇家海军	添马舰
HUTCHISON, William	皇家苏格兰军团	第二营
HUTTON, Edmund Feltham	皇家海军	添马舰
ILES, Arthur Henry	米德尔塞克斯兵团	第一营
IRVING, Malcolm	皇家苏格兰军团	第二营
ISAAC, Harry	皇家炮兵团	第八海岸炮团
ISZARD, George	米德尔塞克斯兵团	第一营
JACKSON, Albert James	米德尔塞克斯兵团	第一营
JACKSON, George Allborn Allwood	皇家苏格兰军团	第二营
JALLAND, Jack Edward	皇家海军	添马舰
JAMES, Ivor	米德尔塞克斯兵团	第一营
JEFFREY, Andrew Buchan	皇家苏格兰军团	第二营
JENKINS, Charles	皇家苏格兰军团	第二营

JENKINS, Ernest	皇家苏格兰军团	第二营
JENNING, Albert George	米德尔塞克斯兵团	第一营
JINKS, Henry(Harry)	皇家炮兵团	第八海岸炮团
JOHNS, Denzil	香港新加坡皇家炮兵团	第一香港团
JOHNSON, Arthur James	皇家炮兵团	第十二海岸炮团
JOHNSON, Frederick William	皇家海军	添马舰
JOHNSON, Oliver	皇家炮兵团	第十五防空炮台第八连
JOHNSON, Wilfred James	皇家工程部队	第四十要塞连
JOHNSTON, James	皇家苏格兰军团	第二营
JOHNSTON, Robert James	皇家苏格兰军团	第二营
JONES, Gonville Royce	皇家海军	添马舰
JONES, Herbert Cyril	皇家海军陆战队	添马舰
JONES, James Thomas Album	皇家海军	添马舰
JONES, Thomas David	米德尔塞克斯兵团	第一营
JORDAN-BOWDITCH, Horace	皇家通信部队	香港通信连
JOSLIN, Henry John	米德尔塞克斯兵团	第一营
KEARNS, James Bruce	皇家海军	添马舰
KEHOE, Edward Michael	皇家工程部队	第四十要塞连
KELLY, Maurice	皇家苏格兰军团	第二营
KEMP, Stanley	皇家海军	添马舰
KENNARD, Herbert Walter Godfrey	皇家海军	添马舰
KENNEDY, Albert	皇家工程部队	第二十二要塞连
KENNEDY, John Alexander	皇家苏格兰军团	第二营
KENNY, Michael	皇家炮兵团	第九六五防卫炮台
KERRUISH, John Alfred	皇家炮兵团	第八海岸炮团

KEW, Henry Charles	皇家海军	
KIMBER, James	皇家炮兵团	第十二海岸炮团
KIMBER, Walter William	皇家海军	添马舰
KIMPTON, William Ernest	皇家工程部队	第二十二要塞连
KING, Ernest Alfred	皇家海军	添马舰
KING, John Kenneth	皇家海军	添马舰
KINNARD, William Henry	皇家炮兵团	第八海岸炮团
KIRBY, Alfred	皇家苏格兰军团	第二营
KNOWLES, Roland Ernest	皇家炮兵团	第十二海岸炮团
KNOX, David	皇家海军	海军志愿后备团
LAKE, Alexander Sidney C. McDonald	皇家工程部队	第四十要塞连
LAMB, Peter McDonald	皇家苏格兰军团	第二营
LANE, Francis Edward	皇家炮兵团	第八海岸炮团
LANE, John Hugh	皇家炮兵团	第八海岸炮团
LANGDELL, Stanley	米德尔塞克斯兵团	第一营
LANGRIDGE, Walter Thomas	皇家炮兵团	第九六五防卫炮台
LAW, Reginald	米德尔塞克斯兵团	第一营
LAWLOR, William John	米德尔塞克斯兵团	第一营
LEE, Frederick Charles	米德尔塞克斯兵团	第一营
LEE, Frederick George	皇家海军	添马舰
LEES, Alexander	皇家海军	"色雷斯人"号
LEIGH, Thomas Richard	皇家炮兵团	第八海岸炮团
LEWIS, Arthur	皇家通信部队	香港通信连
LEWIS, Daniel	皇家海军	添马舰
LEWIS, Ernest	皇家炮兵团	第八海岸炮团

LIFTON, Cyril Alfred B.	皇家海军	"燕鸥"号
LIMACHER, Frank Oliver	皇家炮兵团	第八海岸炮团
LINKLATER, Arthur	皇家苏格兰军团	第二营
LINTON, James Frederick	皇家炮兵团	第八海岸炮团
LINTOTT, George	皇家苏格兰军团	第二营
LITTLE, John Thomas	米德尔塞克斯兵团	第一营
LITTLEFIELD, Frederick	米德尔塞克斯兵团	第一营
LIVESEY, Albert Charles	皇家炮兵团	第七炮台第五重防空炮团
LOCHRIE, George Sutherland	皇家苏格兰军团	第二营
LOGAN, Sydney	皇家苏格兰军团	第二营
LOUGHLIN, Peter Harry	皇家香港警察	
LOVE, Noel John	皇家炮兵团	第八海岸炮团
LUDFORD, Arthur Herbert	皇家海军	添马舰
LYON, George	皇家炮兵团	第八海岸炮团
MACDONALD, Thomas	皇家通信部队	香港通信连
MACE, Frank Edward	皇家炮兵团	第九六五防卫炮台
MACE, Harry Leslie	皇家炮兵团	第十二海岸炮团
MACEY, Frank Leslie	米德尔塞克斯兵团	第一营
MACKAY, William	皇家苏格兰军团	第二营
MACKENNY, William Henry	皇家海军	添马舰
MAIR, William	皇家海军	"知更鸟"号
MAKEL, George Smith	皇家炮兵团	第八海岸炮团
MANDERS, Thomas George	皇家工程部队	第二十二要塞连
MANN, Charles Henry	皇家海军	"蝉"号
MARRIOTT, William Henry	皇家海军	添马舰

续表

MARRS, William	皇家海军	添马舰
MARSH, William Thomas	皇家炮兵团	第八海岸炮团
MARSHALL, Henry Gibson	皇家苏格兰军团	第二营
MARSHALL, Thomas	皇家苏格兰军团	第二营
MARTIN, Frank	皇家海军	添马舰
MASON, William Alfred	皇家炮兵团	第十二海岸炮团
MATTHEW, Alexander M.	米德尔塞克斯兵团	第一营
MAY, Wilfred	皇家海军	添马舰
MAYNARD, James Alfred	米德尔塞克斯兵团	第一营
MCANDREWS, George B.	皇家工程部队	第二十二要塞连
MCBRIDE, Alexander D.	皇家炮兵团	第十二海岸炮团
MCCALLUM, William	皇家苏格兰军团	第二营
MCCORMACK, Bernard	皇家炮兵团	第八海岸炮团
MCCULLOCH, William	皇家苏格兰军团	第二营
MCDERMOTT, Cornelius	皇家苏格兰军团	第二营
MCDERMOTT, James	皇家炮兵团	第十二海岸炮团
MCDERMOTT, Lawrence	皇家炮兵团	第八海岸炮团
MCELROY, John	皇家炮兵团	第八海岸炮团
MCENEANEY, James	皇家通信部队	香港通信连
MCGHEE, James Preston	皇家苏格兰军团	第二营
MCGILLIVRAY, James	皇家苏格兰军团	第二营
MCGIVNEY, John	皇家炮兵团	第十二海岸炮团
MCGRATH, William Patrick	皇家海军	"蝉"号
MCHUGH, Bernard	皇家苏格兰军团	第二营
MCILWRAITH, Wilfred Arthur	皇家工程部队	第二十二要塞连
MCKINLAY, Robert	皇家苏格兰军团	第二营

续表

MCLEAN, Andrew Montague	皇家苏格兰军团	第二营
MCLEAN, Joseph Henry	皇家炮兵团	第十二海岸炮团
MCMEECHAN, Hugh Mcln-tosh	皇家苏格兰军团	第二营
MCPHERSO, Charles Donald	皇家苏格兰军团	第二营
MCQUEEN, George Maclean	皇家海军	添马舰
MCSHERRY, Peter	皇家苏格兰军团	第二营
MEAD, James Charles E.	皇家苏格兰军团	第二营
MEDLEY, Lloyd Charles	皇家炮兵团	第十二海岸炮团
MELBOURNE, Frank Edward	米德尔塞克斯兵团	第一营
MELLOWS, Stephen John	皇家海军	添马舰
MELTON, John William	皇家海军	添马舰
MENDELSON, Arthur Leonard	米德尔塞克斯兵团	第一营
METCALFE, Ernest	皇家海军陆战队	添马舰
METCALFE, Thomas Arthur	米德尔塞克斯兵团	第一营
MILLER, Donald	皇家苏格兰军团	第二营
MINCHIN, Arthur Felix	皇家炮兵团	第八海岸炮团
MINERS, James	皇家炮兵团	第九六五防卫炮台
MORGAN, Trevor Kenneth	皇家通信部队	香港通信连
MORRIS, Richard	皇家苏格兰军团	第二营
MORRIS, William Thomas	米德尔塞克斯兵团	第一营
MORRISON, Edward	米德尔塞克斯兵团	第一营
MORROW, William	皇家苏格兰军团	第二营
MORSE, Charles John	皇家海军	添马舰
MOSE, George Alfred	皇家炮兵团	第十五防空炮台第八连
MOXHAM, Henry Richard	皇家工程部队	第四十要塞连

续表

MURPHY, Thomas	米德尔塞克斯兵团	第一营
MURRAY, John Stuart	米德尔塞克斯兵团	第一营
MURRAY, William	皇家苏格兰军团	第二营
MURRELL, Arthur Robert	米德尔塞克斯兵团	第一营
MUSTO, Stanley Arthur	香港新加坡皇家炮兵团	第一香港团
NAYLER, Herbert Edgar	米德尔塞克斯兵团	第一营
NELLIST, James	皇家炮兵团	第九六五防卫炮台
NEWINGTON, Richard Thomas John	皇家工程部队	第二十二要塞连
NEWMAN, Thomas Harry	皇家工程部队	第二十二要塞连
NEWNHAM, Bertram Charles	皇家通信部队	香港通信连
NEWTON, Percy Alfred	米德尔塞克斯兵团	第一营
NORMAN, Alfred William	皇家炮兵团	第十五防空炮台第八连
NORTH, Albert James	皇家炮兵团	第十二海岸炮团
NORTH, Frederick Ernest	米德尔塞克斯兵团	第一营
O'CONNOR, Michael Oliver	皇家苏格兰军团	第二营
O'ROURKE, Thomas	皇家苏格兰军团	第二营
O'SULLIVAN, Bartholomew	皇家海军	"色雷斯人"号
OAKLEY, Thomas Ernest	皇家炮兵团	第七炮台第五重防空炮团
O'CONNELL Jeremiah	皇家炮兵团	第九六五防卫炮台
OFFICER, John Moore M. B.	皇家陆军医疗部队	第二十七连
OLIVER, John Robert	皇家海军	添马舰
ORMISTON, John Mitchell	皇家苏格兰军团	第二营
ORR, Terrance Nolan G.	皇家炮兵团	第九六五防卫炮台
OSMAN, Harry James	皇家海军	"蛾"号

OSWALD, Ronald George	米德尔塞克斯兵团	第一营
OUSGOOD, Fred	皇家海军	添马舰
OWEN, George Thomas R.	皇家海军	添马舰
OWEN, Glyn	皇家炮兵团	第十五防空炮台第八连
OWEN, Gordon John	皇家炮兵团	第十二海岸炮团
PACEY, Arthur	米德尔塞克斯兵团	第一营
PAGE, Charles Albert	皇家通信部队	香港通信连
PAGE, William Cecil	皇家炮兵团	第十五防空炮台第八连
PALMER, Joseph Benjamin	米德尔塞克斯兵团	第一营
PANTING, Hugh Eric Randolph	米德尔塞克斯兵团	第一营
PAPE, George William	米德尔塞克斯兵团	第一营
PARKER, Raymond John	米德尔塞克斯兵团	第一营
PARKINS, George Baden	皇家海军	添马舰
PARLETTE, Reginald George	皇家海军	添马舰
PARSONS, Arthur John	皇家通信部队	香港通信连
PATERSON, Henry	皇家苏格兰军团	第二营
PAYNE, Arthur	皇家炮兵团	第十五防空炮台第八连
PAYNE, Terence Robert	米德尔塞克斯兵团	第一营
PEARCE, Raymond John C.	米德尔塞克斯兵团	第一营
PEARSON, Alfred	米德尔塞克斯兵团	第一营
PEARSON, Harry	皇家通信部队	香港通信连
PEFFERS, Adam	皇家苏格兰军团	第二营
PELHAM, Harold Alfred G.	米德尔塞克斯兵团	第一营
PEMBROKE, William Henry	皇家炮兵团	第八海岸炮团
PENNICK, Reginald Joseph	米德尔塞克斯兵团	第一营

PENNY, Richard Arthur	米德尔塞克斯兵团	第一营
PEPPER, Frank Crookes	皇家工程部队	第四十要塞连
PERKINS, Leslie George	皇家海军	添马舰
PERRY, Donald Charles	皇家工程部队	第四十要塞连
PHILIPSON, John Beaver	皇家炮兵团	第十二海岸炮团
PHILLIPS, Reginald Ernest	皇家苏格兰军团	第二营
PHILLIPS, Sydney William Ernest	皇家海军	添马舰
PHILLIPS, Edward John	米德尔塞克斯兵团	第一营
PHIPPS, John	皇家通信部队	香港通信连
PICKSTON, Leslie	皇家通信部队	香港通信连
PIKE, Horace Henry G.	皇家海军	"蝉"号
PLUMMER, William Arthur	皇家炮兵团	第十二海岸炮团
POLLARD, Leonard Hugh	皇家海军后备团	添马舰
POLLOCK, James	皇家苏格兰军团	第二营
POPE, Donald Charles	皇家工程部队	第二十二要塞连
POTTER, Alan Stanley	圣约翰救伤队	香港区
POTTER, John Henry	皇家通信部队	香港通信连
POTTER, John Thomas	皇家炮兵团	第八海岸炮团
POTTER, Robert	皇家炮兵团	第八海岸炮团
POWELL, Albert Victor	皇家海军	添马舰
POWELL, William John	皇家苏格兰军团	第二营
PRAGNELL, Charles	皇家炮兵团	第八海岸炮团
PRESSLEY, Harvey	皇家炮兵团	第八海岸炮团
PRIEST, Henry Herbert A.	皇家炮兵团	第十二海岸炮团
PRIEST, William James	皇家海军志愿后备团	水雷观测站

PRIESTLEY, George	皇家炮兵团	第十二海岸炮团
PRING, Mark Edward	米德尔塞克斯兵团	第一营
PRITCHARD, James	皇家炮兵团	第八海岸炮团
PROBERT, Sidney Charles George	米德尔塞克斯兵团	第一营
PRYKE, William Arthur J.	皇家海军	添马舰
PULLAR, James	皇家炮兵团	第十二海岸炮团
RAINEY, Eric	皇家工程部队	第二十二要塞连
RAINSFORD, Henry Charles	皇家炮兵团	第十二海岸炮团
RAMAGE, Humphrey George	皇家工程部队	第二十二要塞连
RAMSAY, John Fitcher	皇家苏格兰军团	第二营
RAMSDEN, John Richard	皇家海军	添马舰
RAMSEY, James Robert	米德尔塞克斯兵团	第一营
RANKIN, Thomas	皇家炮兵团	第十二海岸炮团
RAPER, William George	皇家炮兵团	第十二海岸炮团
RATCLIFFE, Norman Ernest	皇家工程部队	第二十二要塞连
RAWLINGS, Frank	皇家炮兵团	第八海岸炮团
READ, Reginald John	香港皇家海军志愿后备团	添马舰
REDFERN, George Stanley	皇家通信部队	香港通信连
REED, George William	皇家炮兵团	第十二海岸炮团
REES, Leonard Frederick	皇家炮兵团	第十二海岸炮团
REEVE, Sidney Arthur	皇家工程部队	第二十二要塞连
REYNOLDS, Alfred John	皇家海军	添马舰
RICE, Thomas	皇家海军	添马舰
RICHARDS, Frederick W.	皇家陆军医疗部队	第二十七连

RICHARDS, Robert William	皇家苏格兰军团	第二营
RICHARDS, Stanley John	皇家炮兵团	第八海岸炮团
RICHARDSON, Joseph H.	皇家海军陆战队	添马舰
PICHES, Jack Ernest	米德尔塞克斯兵团	第一营
RICHMOND, Robert Henry	皇家工程部队	第二十二要塞连
RICKETTS, George Raymond	皇家炮兵团	第八海岸炮团
RIDDEN, Donald	米德尔塞克斯兵团	第一营
RITCHIE, Robert Hyslop	皇家苏格兰军团	第二营
RITCHINGS, Thomas	皇家炮兵团	第八海岸炮团
ROBERTS, Alfred Henry	皇家炮兵团	第九六五防卫炮台
ROBERTS, Charles Arthur	皇家工程部队	第四十要塞连
ROBERTS, Leonard	米德尔塞克斯兵团	第一营
ROBERTSON, Albert Thomas	米德尔塞克斯兵团	第一营
ROBERTSON, Mornington	皇家苏格兰军团	第二营
ROBERTSON, Peter Ian N.	皇家通信部队	香港通信连
ROBINSON, Charles	皇家海军	添马舰
ROBINSON, Henry Charles	皇家海军	添马舰
ROBINSON, John	皇家炮兵团	第八海岸炮团
ROBINSON, Joseph	皇家通信部队	香港通信连
ROBINSON, Percy Albert George	皇家工程部队	第四十要塞连
RODGERS, Stephen Patrick	皇家海军	添马舰
ROGERS, Ernest James W.	皇家炮兵团	第八海岸炮团
ROGERS, John Francis	皇家通信部队	香港通信连
ROMPEN, George	皇家苏格兰军团	第二营
ROOKER, Roy Leslie Harold	米德尔塞克斯兵团	第一营

ROOS, Victor Edward	皇家海军	添马舰
ROSS, John Connacher	皇家苏格兰军团	第二营
ROUND, Walter Thomas	皇家炮兵团	第八海岸炮团
RULE, Albert	米德尔塞克斯兵团	第一营
RULE, Charles Frederick	米德尔塞克斯兵团	第一营
RUSHMAN, Mervyn Francis	皇家海军陆战队	添马舰
RUSSELL, Alexander	皇家苏格兰军团	第二营
RUSSELL, Reginald Edward	米德尔塞克斯兵团	第一营
RUSSELL, Robert	米德尔塞克斯兵团	第一营
RUSSELL, Thomas	皇家炮兵团	第九六五防卫炮台
SAMUELS, Christopher	米德尔塞克斯兵团	第一营
SANSUM, Harry	米德尔塞克斯兵团	第一营
SAWYER, William Arthur	皇家海军	添马舰
SAYCE, Thomas	皇家炮兵团	第十二海岸炮团
SCHORSCH, Robert	米德尔塞克斯兵团	第一营
SCOTT, Alexander C.	皇家苏格兰军团	第二营
SCOTT, Arthur Reginald G.	皇家工程部队	第二十二要塞连
SCOTT, Donald	皇家苏格兰军团	第二营
SCOTT, Frank Douglas	皇家炮兵团	第十二海岸炮团
SCOTT, Robert Ferrie	皇家苏格兰军团	第二营
SCULLY, John Patrick	皇家通信部队	香港通信连
SEAGER, Albert Ernest	皇家炮兵团	第八海岸炮团
SEARLE, Henry George A.	香港新加坡皇家炮兵团	第一香港团
SELWOOD, George William	皇家炮兵团	第八海岸炮团
SERCOMBE, William Morley	皇家海军	添马舰

SHARP, Duncan	皇家炮兵团	第十二海岸炮团
SHARP, Henry Thomas	皇家海军	添马舰
SHARROCK, Harold Maynard	皇家苏格兰军团	第二营
SHEPHERD, George	皇家炮兵团	第八海岸炮团
SHEPHERD, Thomas William	皇家通信部队	香港通信连
SHERMAN, Soloman	皇家海军	"燕鸥"号
SHIELDS, Thomas Perkins	皇家海军	添马舰
SHIPP, Cecil Edward	皇家工程部队	第四十要塞连
SHIRKEY, John Dollar	皇家海军	"燕鸥"号
SHIRLAW, George Fitness	皇家炮兵团	第八海岸炮团
SHIRLEY, Ernest Francis	皇家炮兵团	第九六五防卫炮台
SHORT, Leslie Charles	米德尔塞克斯兵团	第一营
SIMMONDS, Harold Augustine Pearce	皇家海军	添马舰
SIMMONS, Edward Walter	皇家工程部队	第二十二要塞连
SIMPSON, Thomas	米德尔塞克斯兵团	第一营
SIMPSON, Matthew Allen	皇家炮兵团	第七炮台第五重防空炮团
SINCLAIR, Frederick Leonard	米德尔塞克斯兵团	第一营
SINGLETON, Thomas	皇家工程部队	第四十要塞连
SKINNER, John	皇家苏格兰军团	第二营
SMALEAlbert, Edward	皇家海军	添马舰
SMALLEY, Frank	米德尔塞克斯兵团	第一营
SMITH, Albert Edward	皇家炮兵团	第十二海岸炮团
SMITH, Ernest Alexander	米德尔塞克斯兵团	第一营
SMITH, Frederick William	皇家炮兵团	第十二海岸炮团
SMITH, John Brazier	香港新加坡皇家炮兵团	第一香港团

续表

SMITH, John Peter	皇家炮兵团	第七炮台第五重防空炮团
SMITH, Leslie Frank	皇家工程部队	第四十要塞连
SMITH, Leslie Ivor	皇家炮兵团	第八海岸炮团
SMITH, Matthew	皇家苏格兰军团	第二营
SMITH, Patrick	皇家苏格兰军团	第二营
SPALL, Arthur Ernest	米德尔塞克斯兵团	第一营
SPARE, Dermot	皇家通信部队	香港通信连
SPARKES, John Charles	皇家炮兵团	第八海岸炮团
SPENCE, John Frederick	皇家工程部队	第四十要塞连
SPENCER, Geoffrey William	皇家工程部队	第四十要塞连
SPENCER, Reginald Charles	皇家工程部队	第二十二要塞连
SPIERS, George Edward	米德尔塞克斯兵团	第一营
STANCER, Frank Lewis	皇家苏格兰军团	第二营
STANFORD, Frederick（Sammy）	皇家苏格兰军团	第二营
STANNERS, Adam Ramsey	皇家苏格兰军团	第二营
STEED, Thomas	皇家海军辅助医疗床位预备队	添马舰
STEELE, William Ernest	米德尔塞克斯兵团	第一营
STEMP, Reginald Stanley	皇家炮兵团	第八海岸炮团
STEWART, Forbes	皇家苏格兰军团	第二营
STEWART, William	米德尔塞克斯兵团	第一营
STEWART, William Gallagher	皇家苏格兰军团	第二营
STICKLEY, Thomas	米德尔塞克斯兵团	第一营
STOBBART, John Douglas	皇家炮兵团	第十二海岸炮团
STOCKER, James Lawrence	皇家炮兵团	第八海岸炮团

STOKER, Ralph William	皇家海军志愿后备团	添马舰
STONE, George Frederick	皇家炮兵团	第八海岸炮团
STONE, Thomas John	皇家海军	添马舰
STOIT, James Black	皇家通信部队	香港通信连
STURDY, Patrick Joseph	米德尔塞克斯兵团	第一营
SUGGITT, Robert	皇家通信部队	香港通信连
SUMNER, William	皇家炮兵团	第九六五防卫炮台
SWEENEY, Daniel Christopher	皇家海军	添马舰
TAIT, Alexander	米德尔塞克斯兵团	第一营
TAIT, Robert	皇家苏格兰军团	第二营
TALKS, Vernon	皇家通信部队	香港通信连
TARNER, John Norman	米德尔塞克斯兵团	第一营
TAYLOR, Alec	米德尔塞克斯兵团	第一营
TAYLOR, Gerald Francis	皇家陆军医疗部队	附近支援单位
TAYLOR, Norman	皇家炮兵团	第十二海岸炮团
TAYLOR, Sydney George	海军商船	前海军后备团
TAYLOR, Sydney John	皇家海军	添马舰
THACKERAY, Samuel Robert	皇家炮兵团	第八海岸炮团
THOMAS, Alfred Llewellyn	皇家工程部队	第二十二要塞连
THOMAS, Cyril	米德尔塞克斯兵团	第一营
THOMAS, Edwin	皇家炮兵团	第八海岸炮团
THOMAS, Jack	米德尔塞克斯兵团	第一营
THOMAS, Jack Henry	米德尔塞克斯兵团	第一营
THOMPSON, Andrew	皇家苏格兰军团	第二营
THOMPSON, Frederick John	皇家炮兵团	第十二海岸炮团

续表

THOMPSON, William	皇家工程部队	第四十要塞连
THOMSON, Alexander	皇家苏格兰军团	第二营
THOMSON, David Haston	皇家苏格兰军团	第二营
THORN, Ronald Alfred	皇家工程部队	第二十二要塞连
THRUSH, James Waters	皇家炮兵团	第八海岸炮团
TIVEY, Richard John	米德尔塞克斯兵团	第一营
TOMLINSON, John Bramley	皇家通信部队	香港通信连
TOOLEY, Michael	皇家炮兵团	第三十炮台
TOWNSEND, George	皇家炮兵团	第九六五防卫炮台
TOZER, Stanley Herbert	皇家海军	添马舰
TRINDER, George	皇家苏格兰军团	第二营
TUCKER, Joseph Henry	米德尔塞克斯兵团	第一营
TUNMER, William Arthur	米德尔塞克斯兵团	第一营
TURNBULL, James	皇家工程部队	第二十二要塞连
TURNER, Frank	皇家工程部队	第二十二要塞连
TURNER, William Arthur	皇家海军	添马舰
TWOMEY, Wilfred Roy	皇家工程部队	第四十要塞连
UPTON, Edward George Henry	皇家工程部队	第四十要塞连
VALENTINE, George F. W.	皇家海军	添马舰
VALENTINE, Roland Edward	米德尔塞克斯兵团	第一营
VALLANCE, George William Bernard	米德尔塞克斯兵团	第一营
VIOTTO, Joseph	皇家炮兵团	第九六五防卫炮台
WADDINGTON, Wilfred Gibson	皇家炮兵团	第八海岸炮团
WAKEFIELD, Joseph William	皇家苏格兰军团	第二营

WALKER, Frederick Charles	米德尔塞克斯兵团	第一营
WALKER, Leighton William David	皇家苏格兰军团	第二营
WALKER, William	皇家苏格兰军团	第二营
WALLACE, Warner	皇家炮兵团	第八海岸炮团
WALTERS, John	皇家苏格兰军团	第二营
WARBURTON, John	皇家炮兵团	第十二海岸炮团
WARD, Bernard M. J.	皇家炮兵团	第八海岸炮团
WARDER, Alexander Charles	皇家炮兵团	第十二海岸炮团
WARREN, Christopher	皇家通信部队	香港通信连
WATERS, Robert Edward	米德尔塞克斯兵团	第一营
WATHEN, Walter Norman	皇家通信部队	香港通信连
WATKINS, John Patrick	米德尔塞克斯兵团	第一营
WATSON, Arthur	皇家海军	海军志愿后备团
WATSON, Thomas	皇家炮兵团	第八海岸炮团
WEAVER, John Douglas Haig	米德尔塞克斯兵团	第一营
WEBB, Donald	皇家海军	添马舰
WEBB, Sidney	皇家海军	添马舰
WEBSTER, Allan	米德尔塞克斯兵团	第一营
WEBSTER, George	皇家炮兵团	第八海岸炮团
WEEKS, Douglas Reginald	皇家通信部队	香港通信连
WELLINGTON, Richard Henry	皇家炮兵团	第七炮台第五重防空炮团
WELLS, William George	皇家炮兵团	第八海岸炮团
WELSH, James Blaney	皇家苏格兰军团	第二营
WESTON, John William	皇家工程部队	第四十要塞连

WEXHAM, Robert Martin	皇家海军	添马舰
WHELAN, William	皇家工程部队	第二十二要塞连
WHITE, Ralph James	皇家海军	添马舰
WHITE, Robert	皇家苏格兰军团	第二营
WHITEFIELD, Charles Arthur	皇家通信部队	香港通信连
WHITEHEAD, Arthur F.	皇家炮团	第八海岸炮团
WHITEHOUSE, Herbert	米德尔塞克斯兵团	第一营
WHITHAM, James Percival	米德尔塞克斯兵团	第一营
WIGZELL, Wallace Frank	皇家通信部队	香港通信连
WILLIAMS, Frederick Ivor	皇家炮兵团	第八海岸炮团
WILLIAMS, Harry Edward Iles	皇家海军	添马舰
WILLIAMS, Ronald Frederick	皇家炮兵团	第八海岸炮团
WILLIAMS, Thomas Alun	皇家工程部队	第二十二要塞连
WILLIAMSON, James	皇家苏格兰军团	第二营
WILLIS, Francis	皇家通信部队	香港通信连
WILSON, Arthur Stanley	皇家炮兵团	第八海岸炮团
WILSON, Charles Edward	皇家苏格兰军团	第二营
WILSON, John Campbell	皇家海军	"色雷斯人"号
WILSON, William Eric	皇家炮兵团	第八海岸炮团
WITHINGTON, Henry	皇家炮兵团	第十二海岸炮团
WITTY, Herbert Charles	米德尔塞克斯兵团	第一营
WOOD, Lawrence Arthur	米德尔塞克斯兵团	第一营
WOOLDRIDGE, Edward	皇家炮兵团	第八海岸炮团
WOOLLCOTT, Edgar Joseph	皇家工程部队	第四十要塞连
WOOLLEY, Bertram	米德尔塞克斯兵团	第一营

WOOLWRIGHT, Alfred	皇家苏格兰军团	第二营
WORDLEY, Ernest George	皇家陆军医疗部队	第二十七连
WYLIE, William	皇家苏格兰军团	第二营
YEOMAN, Herbert George	皇家炮兵团	第九六五防卫炮台

（此名单按照姓氏字母排序）